中西哲学之会通十四讲

牟宗三 著

九州出版社

图书在版编目（CIP）数据

中西哲学之会通十四讲 / 牟宗三著. -- 北京 : 九
州出版社, 2025. 4. -- ISBN 978-7-5225-3703-0

Ⅰ. B2；B5

中国国家版本馆CIP数据核字第2025BA7104号

本著作物经北京阅享国际文化传媒有限公司独家代理，
由台湾学生书局有限公司授权在中国大陆独家出版、发行中
文简体版。

著作权合同登记号：图字01-2024-4389

中西哲学之会通十四讲

作　　者　牟宗三　著
选题策划　于善伟
责任编辑　王　佶
封面设计　吕彦秋
出版发行　九州出版社
地　　址　北京市西城区阜外大街甲35号（100037）
发行电话　（010）68992190/3/5/6
网　　址　www.jiuzhoupress.com
印　　刷　鑫艺佳利（天津）印刷有限公司
开　　本　710毫米×1000毫米　16开
印　　张　14.75
字　　数　160千字
版　　次　2025年5月第1版
印　　次　2025年5月第1次印刷
书　　号　ISBN 978-7-5225-3703-0
定　　价　58.00元

出版说明

牟宗三先生（1909—1995），字离中，山东栖霞人，当代新儒家代表人物之一。牟先生曾自述，从大学读书以来，六十年中只做一件事，即"反省中华民族之文化生命，以重开中国哲学之途径"。他一生著作等身，其学术功绩大略可归为五点：一是全面表述"儒、释、道"三教的义理系统；二是开显儒家新外王的道路；三是全译康德三大批判，创造世界新纪录；四是积极消化康德：真美善之新诠释；五是中西哲学之省察与中西哲学之会通。

这套"牟宗三作品"遴选了牟先生五种著作，包括《心体与性体》（宋明理学）、《中国哲学的特质》（以儒家义理为主流）、《历史哲学》（以国史观时代之精神发展，本内圣之学解决外王事功）、《中西哲学之会通十四讲》（会通中西哲学）、《人文讲习录》（综括儒家义理、外王之学、西方哲学等），能够较好地反映牟先生的学术思想。

五种著作均以其初版或通行之增订版为底本，并参校 2003 年联经版《牟宗三先生全集》各单行本。译名方面，西哲名称采用通行译法；

文字方面，以现代汉语规范为依据；内容方面，除对个别内容修改外，其他均保持原貌。

九州出版社

序

　　此讲辞是十年前在台大继《中国哲学十九讲》后而续讲者。《十九讲》早已出版，而此讲辞则因当时诸研究生俱已出国深造，无人由录音带笔录为文，遂成蹉跎。后由林清臣同学独自担任笔录，连贯整理，共十四讲，先发表于东海大学《中国文化月刊》，后复转载于《鹅湖》杂志。

　　清臣是台大老同学。原读化工系，后学医，专精脑神经科，现在日本研究老人科。彼一生副习哲学，从未间断。三十年前，吾之《认识心之批判》由友联出版时，唯清臣读之甚精。后凡吾在台大、师大所讲者，彼率皆由录音听习。彼之笔录此十四讲并非易事。平素若不熟练于西方哲学之思路与词语，则甚难着笔从事。故其录成文字，功莫大焉。盖吾课堂之讲说并无底稿。若不录成篇章，则纵有录音，亦终将如清风之过耳，一瞬即逝，无由得以留传人间，广布社会，此岂非大为可惜之事乎？

　　又彼笔录之时，每成一讲，必由其夫人正楷誊写寄吾改正，改正后，复由其夫人再誊清一遍，然后始交东海大学《中国文化月刊》

发表。如此慎重将事，当今之世，何可多得！值兹付印之时，略发数语以识其贤伉俪好学之真诚。时在一九九〇年三月也。

牟宗三　序于九龙

目录

第一讲

中西哲学会通的可能性：哲学真理之普遍性与特殊性

我的讲题是"中西哲学会通的分际与限度"，这是个大题目，在此只能长话短说，把大题目做简单的叙述。讲这个题目具有双重性格：一方面要通学术性，一方面要通时代性，要关联着时代。

中西哲学之会通是核心地讲，由此核心扩大而言也可说是中西文化之会通。文化之范围太大，可以从各角度、各方面来看，但向内收缩到最核心的地方，当该是哲学。哲学可以做庞大的文化这一个综合体的中心领导观念。故欲了解一个民族的文化，开始时可以散开地由各方面来看，从各方面向内凑，如从文学、历史、经济、社会、政治等各方面凑到核心，还是个哲学问题，这一种讲法可以说是归纳的讲法。哲学地言之，也可说是一种现象学的讲法，即由文化各方面做现象学之分析与描述。但我们现在不采取这种讲法，而直接地由核心讲，故就落在哲学上。

哲学从关联着文化来讲，哲学就是指导文化发展的一个方向或智慧，也即指导一个民族文化发展的方向与智慧。假若内在于哲学专就哲学本身而言，哲学有很多种定义，我们现在不谈。关联着文化讲，哲学就是文化发展的指导方向。这一个原则，无论应用到中国、西方与印度，同样适用而有效。

中国文化由尧舜起经夏商周而一直发展到现在，为什么是这一个形态呢？西方文化由希腊、罗马经过中世纪而到近代文明，为什么是那个形态呢？印度文化为什么又是这样呢？各文化形态之所以如此这般，最核心的地方就是哲学的观念在领导着，总而言之，人类世界之各文化系统皆是如此。

前面讲过，讲"中西哲学的会通"一方面要通时代性，一方面要通学术性。通学术性就要了解中国哲学及其传统，西方哲学及其传统，而中西哲学能不能会通，会通的根据在哪里？会通的限度在哪里？这就是所谓的通学术性。

首先有一个看法，哲学是普遍的，所以哲学只有一个，没有所谓中国哲学，也没有所谓西方哲学。因为凡是哲学讲的都是普遍性的真理。哲学中所讲的道理或其中的概念，都有普遍性，哲学中的真理都是普遍的真理。

既然那些概念都有普遍性，都是普遍的真理，哪有所谓的中国哲学或西方哲学呢？这样就只有一个普遍的哲学。

笼统地说，只有普遍的真理，因只要是真理就有普遍性，如科学一样，无所谓中国的科学或西方的科学，就只有一个科学。而且科学是无国界，无颜色的，这对科学的真理来讲是最显明的。但我们不能把哲学完全视同科学，否则就只有一个哲学，正如没有两个科学一样。

我们讲文化问题、哲学问题，这也都是在追求普遍的真理，哲学中所使用的概念当然有普遍性，但哲学中所追求的真理是否完全与科学一样，这就值得检讨研究。若只以科学为标准，如逻辑实证论者的主张，那就只有科学一种真理。至于哲学，就没有中国的哲学、西方的哲学。依照他们的说法就只有中国式的民族情感、西方式的民族情感，不能说有中国哲学、西方哲学。但这种态度是不能成立的。我们一定要承认在科学真理以外必有其他性质不同的真理。这种真理与科学性的真理不一样，而且也不能说只是民族情感，在此就可以讲中西哲学，而且有差异与不同。

此不同如何去了解呢？有一种主张与上面的看法正好相反，主张无所谓普遍的哲学，就是没有 philosophy as such，也即只有个别的，如各个不同民族的、国家的或个人的哲学，而无所谓的 universal philosophy。这说起来似乎也有道理。

第一个态度是就哲学的普遍性而言，只有一个哲学，而第二个态度是就哲学的特殊性而言，就特殊性言，就无普遍的哲学，这是两个极端相反而相冲突的观念。我们认为第一个态度固然不对，但第二个态度也同样不对，两者均同样不正确。此相当于康德的二律背反。普遍性自是有的，但不是只有普遍性，特殊性亦是有的，也不是只有特殊性。如中国哲学由尧舜夏商周开始，模糊地能发出一些观念，这些观念就有相当的普遍性。由游离不明确的观念

（idea），而至转成确定的概念（concept），就有其普遍性。观念大都是不十分明确的，明确化就成概念，一成概念就有普遍性。但此种普遍性，就中国而言，由尧舜夏商周开始就有其特殊性。换言之，中华民族的活动有一个观念在指导，有观念就有普遍性，但这个观念却要通过具体的生命来表现，也即由中华民族这个特殊的民族生命来表现。同样地，西方由原始的希腊民族也有模糊的观念在指导着他们的民族活动。但这个观念是通过希腊这个特殊民族生命来表现的。一说特殊生命就有特殊性。此特殊性是由于真理要通过生命来表现，特殊性是由生命这里来讲的。同样一个观念，通过各别的个人来表现就有所不同。如同样是儒家的道理，由孟子来表现就与孔子不大一样，同样是陆王一系，陆象山的表现就与王阳明不同。所以了解特殊性由此来了解。

普遍性是由观念、概念来了解，但观念是要表现的，要通过生命来表现的，这就是普遍性在特殊性的限制中体现或表现出来，这种真理是哲学的真理。而科学的真理则不管由什么人皆可以研究，研究科学的人虽然不同，但我们不能说科学的普遍真理通过特殊的生命来表现而有不同。也不能说"2+2=4"这个数学真理由各种不同阶级的人的生命来表现有不同。此话是讲不通的，若以语言分析来分析，这种说法是无意义的。

由此而言，西方哲学讲语言分析是有道理的，因为我们通常的语言常常是不清楚而不确定的，不清楚不确定并不是观念不清楚，而是因为我们常常表达得不当或不合文法而变得不清楚。故语言分析当方法学来看是有道理的，要求我们表达得清楚，可是把它当成一种主张（doctrine）就不对了。但从事语言分析的，一开始都说自己是属于方法学，但无形中却成为一种主张，以此而反对许多东西而落于偏见，说形上学是无意义的。其实并不是那些道理真正没有意义，而是他们根据他们的主张而说没有意义。另一方面目前从事语言分析的人也缺少创新的能力，其实他们连举新例的能力都没有，所举的例子千篇一律都是黑格尔哲学中的一些句子，而且都拿黑格尔来做开玩笑或讥讽的对象。这只是人病，并非法病。

兹再回到哲学真理须通过生命来表现。就以"仁"来做例子，要表现"仁"这个普遍真理，普遍性的观念，是要通过生命来表现的，因为仁不是抽象性的概念，是要具体地表现出来的，与"2+2=4"的数学真理不同。譬如刚性的人与柔性的人表现仁就不大相同，分别地说，刚性的人比较容易表现义，柔性的人也可以有义，故两种不同性格的人，表现仁就不大一样。不但这样，表现也因对象而不同。同是表现仁，对父母表现为孝，对兄弟表现为友爱，扩大而言，依孟子"亲亲而仁民，仁民而爱物"。最亲切的是亲亲，故《论语》云："孝弟也者，其为仁之本与！"即表现仁最亲切的地方就是孝悌，孝对父母，悌对兄弟，仁民爱物均是仁的表现。

仁就是这样性质的普遍真理，此与"2+2=4"显然是不一样的。"2+2=4"这种数学真理是普遍而无国界的，无中西之分，而仁义这种普遍真理是要通过生命来表现，就有各种分际的不同，此是普遍性要在特殊性的限制中呈现，而且一定得呈现，否则讲空话是无用的，而且表现要在生命的限制中表现，这样特殊性就出来了。由此才能了解哲学虽然是普遍的真理，但有其特殊性，故有中国的哲学也有西方的哲学，普遍性与特殊性均要承认，这样就可解消二律背反。以其有普遍性，通过中华民族或希腊罗马民族来表现也可以相沟通。可相沟通就有其普遍性，由此可言会通，若无普遍性就不能会通。虽然可以沟通会通，也不能只成为一个哲学，这是很微妙的，可以会通，但可各保持其本来的特性，中国的保持其本有的特色，西方也同样保持其本有的特色，而不是互相变成一样。故有普遍性也不失其特殊性，有特殊性也不失其普遍性，由此可言中西哲学的会通，也可言多姿多彩。

故由普遍性可以言会通，由特殊性可以言限制，多姿多彩，讲个性。这两方面都要同时保存。这种普遍性与科学真理的普遍性不同，它只能通过个体生命来表现，而同时就为生命所限制，这两句话同时成立而不相冲突。人生的奋斗就在这里，即所谓的为理想而奋斗（struggle for ideal），这样人生才能上进，而实现价值，实现理想都由此出，故人生就是一个为理想奋斗的过程。这种真理要通过个体生命来表现，又同时为个体生命所限制，即为表现真理的生命所限制，这种真理是什么真理呢？这种真理显然与数学或科学的真理不同，故有两种不同性质的真理。数学真理不需通过个体生命来表现，只要通过研究者来研究，其他如科学的真理也是一样，这种真理我们以专门名词名之曰外延真理（extensional truth），这是罗素在逻辑上所使用的名词。另一种真理如"仁""义"这种需通过生命来表现的真理称为内容真理（intensional truth）。外延真理与内容真理相对。我们一定要承认有这两种真理。外延（extension）与内容（intension）是逻辑学中的专门名词。

目前的逻辑实证论，并不是完全错的，只是他们只承认外延真理而不承认有内容真理。外延一词由逻辑上的 extension 而来。外延真理都是可以量化与客观化的，能量化才能客观化，科学真理都是如此。能外延化的真理才能客观地被肯断（objectively asserted）。

而相反地，内容真理却不能客观地被肯断。依罗素以逻辑作标准，若命题（proposition）是系属于主体（belongs to subject），也就是属主观的态度者，则它们都不能客观地被肯断。外延真理则不管主体是谁，都是要承认的。而内容真理则系属于主体，如我相信什么什么（I believe so and so），我想怎么样怎么样（I think so and so），这样的命题，是系属于我这个主观的态度。我相信、我想这后面的句子都不能客观化，故为内容真理。如我相信上帝，但你不一定相信。因上帝的存在不能被证明，这就不是外延真理，因其不能客观地被肯断，而是系属于我相信。但我相信你不一定相信，我今天相信明天也不一定相信，再如我想发财，我也不一定会发财，故有特殊性。

所以罗素讲科学知识的成立，一定要靠两个基本原则，一个是外延性原则（principle of extensionality），即命题可由其外延的范围，也即量来决定，不受主观的影响。要靠这个原则始有真正的客观知识，否则一切命题都是主观的。第二个是原子性原则（principle of atomicity）。在知识上是用这个名词，在社会科学上则说是个体性原则，其实是相通的。

原子性原则是说对象可以被分析或分解成若干部分，换句话讲，部分可独立地、单独地被了解。如每一部分都要通过而且必须通过全体来了解，否则就不可理解，那么部分就不能独立地被了解，这样就无科学的真理。

如牵一发而动全身，要了解头发就要了解头，要了解头就要了解全身，如此就要了解我坐的桌子、我在的教室、台大、台北乃至全部的太阳系，这样一牵连，到什么时候才能了解头发呢？故这样头发就不能独立地被了解，这样就没有科学真理。所以必须假定原子性原则，也即可分性，全体可以分成部分，由了解部分来了解全体。此并不是说原子性原则可以适用于一切。某些道理是要通过全体来了解的，无孤立的全体，也无独立的部分，对此后者而言即牵一发而动全身，黑格尔就喜欢讲这种道理。讲这种道理的人认为天地间的一切都处于关系中，而这种关系都是内在关系（internal relation），也即一切东西所发生的关系都是内在关系，如 A 与 B 在关系内与跳出来在关系外就不一样，也即 A 与 B 不发生关系时是一个样子，当进入这个关系时 A 与 B 就变了，这样 A 与 B 的客观性如何了解呢？这样关系就是所谓的内在关系。

而外在关系（external relation），则 A、B 在关系内与其在关系外一样不变，并不因进入关系内而起了变化。如我与桌子的前后、左右的位置关系就是外在关系。依逻辑实证论讲，科学真理所代表的关系一定是外在关系。就科学的知识而言，认知关系就是外在关系。假如是内在关系，则我了解一个东西与你了解这同一个东西不一样，这样就无客观知识可言。所以要承认科学知识就要承认外在关系。这样就不能把天地间一切东西间的关系都视为内在关系。不能全部成为内在关系，就是要承认原子性原则在某种范围内有效。

大体英美人的思想，都很重视原子性原则与外在关系。当然我们不能如黑格尔把一切关系都看成内在关系。英美人重视外在关系也不错，为了要说明科学知识就要这样。但我们既然承认有两种真理，则我们就不能视一切关系为外在关系。不过原子性原则之重要性不能随便抹杀。就哲学而言，罗素提出这个原则为的是说明科学知识，说明逻辑分析应用的范围，由此乃有他的逻辑原子论（logical atomism），为了说明科学知识这个原则是必要的。

但讲到内容真理，这个原则就不必能适用了。内容真理很玄，不过两种真理都是需要的，不能只承认一方而抹杀另一方。

原子性原则不但在说明科学知识上重要，在其他方面，如在政治、社会方面，更显得重要。盖有此原则，才能讲自由、个体，乃至人权。英美人在政治、社会方面也很自觉地意识到原子性原则之重要性，在这方面可以称为个体性原则（principle of individuality）。英美人不只是重视现实的经济利益，否则他们无法领导当今的世界。个体性原则，一般人生活在自由中，对之不自觉也不清楚，但他们的一般高级知识分子、哲学家都意识得很清楚。尽管在纯粹哲学方面如形而上学等，这对读哲学的人不很过瘾，但对政治社会方面的作用却是很大，这是值得我们注意的。如英国有另一位大哲学家怀特海（A. N. Whitehead），也能谈形而上学，他也一定坚持原子性原则。不但在知识上，即在社会政治上也要肯定这个原则。不肯定这个原则，自由、人权就不能讲，他们是很自觉的。英国是老派的自由民主，也是自由民主的发祥地，这是从《大宪章》开始，由他们不断地奋斗、争取得来的。通过奋斗而得，所以意识得很清楚。

第二讲

中国哲学底传统：中国哲学所关心的是"生命"，而西方哲学所关心的其重点在"自然"

讲中西哲学之会通，首先由限制性讲中西哲学之差异。在限制性中表现具有普遍性的概念，我们不能离开限制性凭空笼统地讲放诸四海而皆准的普遍性的概念，故先讲限制性，由限制性就有不同，可以讲中西哲学之差异与分别。

差异如何讲法呢？中西哲学皆历史长而内容丰富，讲差异是不容易的，若无综合性的纲领如何去讲呢？凭空讲是很难的，一定得通过以往几千年来的发展，整个看来才能得一个线索，否则无从说起。所以只有通过发展这个观念，长期发展的领导线索纲领才能把握。

经过长期的发展看中国的文化，由夏商周一直发展下来，主要的线索、主要的纲领、主要的方向在哪里呢？同样地，西方哲学由古希腊经中世纪到近代的发展，由其长期的历史发展，也可以把握其纲领而看出其差异，这当然要对各时代的思想加以反省才能了解。

如上讲所述的普遍性与特殊性，以此乃可言中西哲学之会通。有普遍性也不能以此而言中西哲学不能有差别、有限制性，故中西哲学永远可保持其特殊性。由普遍性与特殊性两方面综合起来，我们就可把握中西哲学发展之主要纲领的差异在何处。如刚说过，对中西哲学传统的长期发展加以反省就可看出其不同，我们可以用两个名词来表示。我们可说两个哲学传统的领导观念，一个是生命，另一个是自然。中国文化之开端，哲学观念之呈现，着眼点在生命，故中国文化所关心的是"生命"，而西方文化的重点，其所关心的是"自然"或"外在的对象"（nature or external object），这是领导线索。

由中国古代的经典，就可看出都是环绕生命这个中心问题讲话而开展。重点在生命，并不是说中国人对自然没有观念，不了解自然。而西方的重点在自然，这也并不是说，西方人不知道生命。由历史开端时重点有些小差异，就造成后来整个传统发展的不同。我们就以"生命""自然"两个观念，来看中西哲学发展的大体脉络。

所谓的关心生命，生命的意义有好几层，首先所关心的生命是眼前的个体生命，生命就如其为生命而观之（life as such）。这一个层次的生命是有问题的，故首先意识到此。生命有好几层次，如以佛教的说法，阿赖耶识也是生命，转上来涅槃法身也是生命。可是关心生命、出问题的生命，而想法对付它，则此时的生命不是佛教所言的涅槃法身的生命，因为这个生命是经过我们关心它、处理它而翻上来的最高境界，到那个境界生命就无问题了。我们现实上并不能马上就到达到涅槃法身的境界，我们的现实生命到处是麻烦。人首先注意到的是生命外部的麻烦，此外部的麻烦很容易解决，但生命自己内部的问题就很难了，所以说："征服世界易，征服自己难。"外部的问题都安排好了，但自己却不能安排自己。如你外在周围的种种问题都给你解决了，但你仍是左也不安，右也不安，不能自在，到处是问题，到处是麻烦，有人就是这样的。"富贵不能乐业，贫贱难耐凄凉"，这种人是很麻烦的，但生命本来就是麻烦的。贫贱固不好，富贵也不见得好。孔子就说过："不仁者不可以久处约，不可以长处乐。"意即不仁的人不能长久安处于其快乐、舒服与幸福的境地，他也不能长期处于其困厄倒霉的状况，《红楼梦》中贾宝玉就是这种人，富贵时他也不能好好地做事或读书，贫贱时更受不了那种凄凉。如孔子所说的不仁的人也不一定是坏人，如贾宝玉你不能说他是什么坏人。"不仁者"意即生命中无仁之常体的人，故孔子这句话意思是很深远的。

孔子的"仁"之意义很不易把握，如"唯仁者能好人，能恶人"，好恶是每人都有的，人若没有好恶就没有是非，但要能成就好恶是不容易的。唯仁者才能成就"好人"之好，"恶人"之恶。如一讨厌就讨厌得不得了就是所谓恶恶丧德。"爱之欲其生，恶之欲其死。"喜欢时千方百计地设法使其生，但到讨厌时非得把他杀掉不可，处之于死地。这样的好是溺爱不明，这样的恶是恶恶丧德。恶是当该恶的，但恶之至于丧德，你本身就是恶，也即本来你是恶恶，但恶的结果你本身陷于罪恶，甚至比原来所恶的恶更恶，这反动很可怕。

这个道理孔子在两千多年前就说出来，我们到现在还不明白。故"唯仁者能好人，能恶人"，仁者是指能体现仁道的人，也即生命中有定常之体（仁体）的人，意即是有真实生命的人。有真实生命的仁者，才能好，才能恶，才能成就好之为好、恶之为恶。儒家是肯定好恶的，因无好恶就无是非。进而要如何成就好恶，但要成就好恶就要许多工夫。

不仁者（生命没有定常之体的人），不能长处乐，不能久处约，这样不是，那样也不是，这种人很麻烦，生命不能得到妥当的安排，我们的现实生命就是这样，故征服世界容易，征服自己困难。人最后的毛病都在自己，这个时代的灾难最后也都在人本身，并不是在核子弹，故人是最难于对付的。人最可爱，也最可恶。故荀子指现实上的人为"信不美，信不美"，意思是很不好，很不好。但另一面人也很值得赞美，人也可以达到最高的境界。故人的地位很不稳定，可以往上通神圣，也可以向下堕落得比禽兽还坏。这就是我们一开始说 life as such 意义的 life，并不是指已经翻上来达到了最高境界如涅槃法身的生命，那种生命，问题都已经解决了，而我们现在所讲的这个生命是指着 life as such 的现实生命而言的。中国由夏商周以来，着眼点一开始就在关心自己，如何来安排这自己最麻烦的生命，所以由此首先意识到"德"的观念，故《诗经》讲"疾敬德"，以后一步一步注意向内修德。古代人如由科学的立场来看，知识很简陋，简直不能与我们现代的人相比。从这个地方来讲是我们后来者居上，但并不是一切方面都是后来者居上。若从"德"这方面来看，不但后来者没有居上，反而是每况愈下。所以古人对"德"有清楚而分明的观念（clear and distinct idea）。相反地，我们现代人对"德"无清楚的观念，都模糊了，但对知识有清楚的观念。知识是指科学知识，因为科学的成就是很明显的，但其实一般人本身也不一定懂科学，因为他本身不是科学家，他也不懂原子弹、相对论，但我们相信科学是因为科学有证验，所以就认为科学最可靠。所以客气地讲，现代人对知识清楚，尽管一般人并不清楚。那么凭什么对知识有清楚的观念呢？这还是凭知识权威，诉诸专家。因为科学已经是成立了，客观地摆在那里，尽管自己不懂而诉诸专家，这样并不是独断，也不是迷信，所以是可谅解的。在可谅解这个层次上，我们姑且可以承认现代人对知识有清楚而分明的观念。但对"德"则完全没有，所以讲很多的道德哲学，有许多主义与主张，但还是说得不明白。现代人在知识方面这么进步，但对德、正义、公道等完全没有观念，没有认识。而古代的人那么原始，为什么对德有那么清楚而明确的认识，这似乎是很奇怪的现象而不可思议。

因知识是很麻烦的，而道德上的是非善恶之判断却不需很多的知识来支持，而且最简单明了，故儒家言道德的实践是简易的。相反地，我们想知道对象，对对象有所了解与认识，是很麻烦而复杂的，到某一个地步还不够，还要往里步步深入。牛顿的物理学还不够，还要进到爱因斯坦的物理学，大宇宙的物理学不够，还要向小宇宙的物理学前进。这是很麻烦的，越研究越专门，结果只有专家才有一点点的知识，我们一般人则一点也没有，实际上一无所知，所以要有哪一方面的知识就要向哪一方面的专家请教，这样一来其实都推诿给专家，这不是一无所知吗？所以知识才是麻烦的，要得到知识是很不容易的。对知识要有清楚而明确的观念也不是容易的。

但人对自己的生命、自己的言行，如有错误，马上就有罪恶感，这点古人就会了，所以说德的意识很"简易""坦然明白"，若太复杂人们就不能了解了。假若你演算数学的问题演算不出来，证明不出来，这并非罪恶。你不懂数学不是罪恶，但若说错话或做错事，你自己就难过。所以德的意识很容易被人注意，古人对这方面有清楚的观念，是很合乎情理而很可了解的。而正相反，现代人就不了解德。所以"疾敬德"就是要你赶快使自己像个人样，好好做事，好好为人，故言"天视自我民视，天听自我民听"，你不要妄为。古人一下把问题落在这个地方，就重视这个问题。

后来孔子出来，再往里一层一层地深入前进，于是中国的哲学就开出了孔子传统，后来的发展大体而言，儒家是主流是正宗，道家是针对儒家而发出来的旁枝，但道家还是对付生命这个问题的，道家也开出另一个系统，这样中国的哲学就发展下去，一代一代人物也很多，各有其发展与注重的问题。

汉学主要是继承儒家的经典。汉儒并不一定能了解儒家的真正精神，但能保持文献也有他们的功劳。两汉后接着来的是魏晋时代。魏晋时代的名士专谈"三玄"，"三玄"是《老子》《庄子》与《易经》。魏晋的"三玄"以道家的精神为主，故讲《老》《庄》是很相应的。可是《易经》是儒家的经典，孔门的义理，而魏晋时代以道家精神来讲《易经》并不一定相应，但也有所发明。魏晋时代的学问是由儒家的主流岔到旁的方向。随着而来的是南北朝，南北朝主要在吸收佛教，佛教是由印度传来的，在此段时期中国的思想完全用在吸收佛教的教理。至隋唐就完成了吸收消化佛教的工作。可是隋唐的政治文物又回到中国原有的。由魏晋谈"三玄"的歧出，再经南北朝的吸收佛教，佛教是外来的，既不同于儒家也不同于道家，离我们本有的骨干更远，此即歧出中的歧出。这一段时间很长，由魏晋、南北朝至隋唐初年共约五百年的时间，经谈"三玄"道家的复兴为桥梁进而吸收佛教，这个阶段为中国思想歧出的阶段。

在大唐盛世，国势、政治文物、典章制度达到鼎盛，是中华民族的黄金时代，是中华民族的光荣。但唐朝不是哲学家的时代，而是文学家的时代，其表现在诗。所以要了解唐朝的三百年，要以特殊的眼光来看。其政治文物、典章制度是属于儒家传统的，但儒家学问的义理精神并无表现。唐朝时代思想义理的精彩在佛教，佛教的那些大宗派都产生在唐朝或隋唐之间。如天台宗完成于隋唐之间，而在唐朝仍继续发展，有荆溪之弘扬；唐初玄奘到印度回来后开出真正的唯识宗，华严宗也发生于唐朝。故自发展佛教的教义而言，天台宗、唯识宗、华严宗都在这个时期全部完成达到最高峰。这是中国吸收印度原有的佛教而向前发展到最高的境界。中国人顺着印度原有的往前推进一步，与印度原有的佛教不同是时间前后发展的不同，而非并列的不同。换言之，后来在中国流行的佛教是把原有的印度佛教所含蕴的推进发展出来的，所以只有一个佛教，并不能说另有一个中国的佛教。现代研究佛教的人，就有人把佛教分为印度的佛教与中国的佛教，而有些人以为重新由梵文才能得到佛教原有的真精神，因为中国的佛教都是经过中文翻译的，认为这样不可靠，而由梵文来追寻原有的佛教，好像中国的发展是歪曲了的。这些看法都不是正确的。说到翻译当然不能无小出入，但主要的精神义理是不差的。

唐朝在佛教之思想义理方面有很高度的成就与表现，能发展出天台宗、华严宗，并能确认唯识宗，这就是最高的智慧。这些宗派的大师如智者大师、玄奘、贤首等都够得上是真正的大哲学家，与西方的大哲学家相较绝无逊色。佛教的教义发展到这里已经是最高峰了，再往前进是禅宗。因为禅宗以前的大小乘以及天台宗、唯识宗与华严宗都是讲教义，也即讲义理系统。但禅宗则为教外别传。以往的教派够多了，教义也讲得复杂而烦琐，而禅宗要做的是把其简单化后付诸实践，这就是禅定的工夫。禅宗又是最高智慧中的智慧，只有中国人能发展出这一套，世界任何其他民族皆发展不出来。目前美国人很喜欢禅宗，觉得很新鲜而好奇，其实完全不懂禅宗。有人竟与维特根斯坦相比附，这样比附对两方面都没有了解而且都耽误了。禅宗是佛教，所以不能离开已有的佛教而空头地随便妄谈禅。教义发展至最高峰一定要简单化，简单化而付诸实践。但佛教本来就是讲修行的（如戒、定、慧），但修行由禅宗的方式来修行是了不起的。无论大小乘都讲修行，无修行如何能成佛呢？但以禅宗的方式来修行是奇特而又奇特，真是开人间的耳目，此只有中国人才能发展出来，这不只是中国人的智慧而且是人类最高的智慧，故大唐盛世并非偶然，中华民族发展到唐朝实在是了不起。

唐朝义理思想的精彩不在儒家，但政治文物、典章制度是继承春秋两汉下来的，那是归于中国的正统。社会上人民生活的伦常习俗并非印度的，所以吸收的只是佛教的教义。这样唐朝的基本原则与精神落在哪里呢？其所以能继承这一套典章制度的精神是服从什么原则呢？义理是吸收外来的佛教，但并不能以佛教来治国平天下，因为佛教的重点不在此，佛教即使在其鼎盛时期也不过如此。中国在大唐盛世除与治世不相干的佛教及政治上的典章制度以外，精神上是服从什么原则来运宰这一套制度，开一个大帝国，创造出这样一个高度的文明？唐朝所服从的是生命原则（principle of life）。大体比较地讲，汉朝是以经学治天下，即以经学统政治，以政治统经济，大体就是这个模型，但做到什么程度很难说，故这样，相对地说，汉朝是服从理性原则（principle of reason）。唐朝则服从生命原则。为什么以"生命"来说明呢？佛教在此不相干，《十三经注疏》也无精彩，而唐朝大帝国能开出这么一个文物灿烂的大帝国，由政治上而言，是唐太宗的英雄生命，他是典型的中国式英雄，十八岁就开始打天下，打三四年就完全统一中国，建立唐朝大帝国，这是英雄。英雄是表现生命，不是服从理性，生命是先天的，唐朝有此强度的生命。除唐太宗之英雄生命以外，唐朝的精彩在诗。两汉是文章，唐朝是诗，宋是词，元是曲。人们常说唐诗是学不来的，是靠天才的，如无那种天才与生命，就无那种才情。由此看来，唐朝时，儒家没有精彩，佛教不相干，剩下两个"能表现大唐盛世，文物灿烂"的因素是英雄与诗，诗靠天才，也是生命。生命放光辉就是诗才。英雄的生命也是光辉，就是英雄气概。表现为诗的是诗才、诗意、诗情，此是才情。英雄不能说才情而说才气，不能说气象而说气概。生命旺盛的时候所谓"李白斗酒诗百篇"，漂亮的诗不自觉地就产生出来了，生命衰了则一词不赞，所谓江郎才尽。这种生命与才气乃康德所谓的强度量（intensive quantity），而非广度量、数学量。生命乃服从强度原则的，强度量是抛物线，可以从一无所有而发展到最高峰，由此最高峰又落下至一无所有。大唐生命发展至唐末五代即一无所有。中国历史在以前最差的是唐末五代，那时代的知识分子廉耻丧尽，社会国家最乱。这就是服从强度生命原则的自然结果（consequence）。所以人生的奋斗过程在生命以外一定要重视理性。当生命强度开始衰败，有理性则生命可以再延续下去，理性能使生命有体而不至于溃烂。

　　唐末五代之后就是宋朝，宋朝的三百年，国势很差，但时代的思想是儒家的复兴，就是理学家的出现。理学家就是看到自然生命的缺点而往上翻，念兹在兹以理性来调护也即润泽我们的生命，生命是需要理性来调节润泽的，否则一旦生命干枯就一无所有，就会爆炸。而理性就能润泽我们的生命，这样生命就可以绵延不断地连续下去，这一代不行可以由下一代再来。这是宋朝时社会上知识分子所担负的，而不是赵家的君主们以及环绕君主的官僚所能担负的。故宋朝国势的不振，非理学家的责任。宋朝由宋太祖开国时的规模就不行，但为什么宋朝能维持三百年之久呢？这是不容易的，此乃靠文化的力量。故以后颜、李学派那些人责备理学家乃是气愤之言。北宋南宋之亡，理学家不能负这个责任。了解历史要公平而恰当地了解，但整个宋朝三百年还是服从理性原则。此与汉朝不同，汉朝是文献经学的整理，而宋朝则是阐扬儒家的义理，故两个形态不同。

　　宋亡后元朝不过一百年，而明朝底时代精神还是理学家为主的，即以王阳明为代表，故明朝的时代精神大体也是服从理性原则的。王学一出，佛教就衰微而无精彩了。宋明儒家是继承先秦儒家而发展的，那是依儒家内部义理讲的儒家，两汉的经学是外部经学的儒学，两者不同。而儒家之所以为儒家，是宋明儒所表现的。明朝的体制大体是模仿汉朝，其实是模仿不来，究竟是不同的。

明朝这一个朝代是不容易了解的，其间三百年从朝政及皇帝方面看实大体都是很乖戾的，讲历史的人就不懂其中的道理，故了解历史是一个问题，记得历史又是另一个问题。一般的是记得历史而不能了解历史，尤其是那些专重考据的。他们知道而且记得历史上发生的许多事情，但是小事情不是大事情。但了解历史与记得历史是不一样的，这两种能力显然不同。记忆当然有价值，但了解也有价值。不了解而念历史有何用处？明朝之后是清朝，一步一步的变化都有其历史的必然性。凡是一个时代、一个国家，民族生命与文化生命不能得到和谐的统一，这时代一定是恶劣的时代，悲剧的时代。清朝的军事统治把中国几千年来的政治传统体制完全破坏了，以前设有宰相，到清朝就变成军机衙门，成了军事统治，此与元朝一样，都是来自异族统治。

不管以前的宰相能做到什么程度，但他是代表治权，宰相负责政治的措施。到清朝就成为军事第一，中国传统知识分子的责任感与理想丧失了。所以清朝的知识分子没事可干，就成乾嘉年间的考据。此根本与汉学不同，精神也不一样，不是传统文化的顺适调畅的发展形态，这是在异族统治下的变态。乾隆皇帝就表示以往的知识分子以天下为己任是坏习气，如果这样，我们皇帝干什么？故清朝时，由孔子传下来的知识分子的愿望与理想都没有了。现在知识分子的情形是经过清朝三百年统治后的自然结果（natural consequence）。乾嘉年间的学问是清客的学问，那些考据家很多是做清客帮闲，清客是奉陪王公大人的。不说考据没价值，而是要了解乾嘉年间知识分子的意识形态。

顾亭林的考据是继承传统儒家来的讲实用。儒家内圣外王是真正的实用，不是记诵杂博以资谈助。顾亭林考据背后的精神完全与乾嘉年间的不一样。所以我并不反对考据。讲中国古典，历史的考据当然有其相当的价值，但亦不只是考据所能胜任，而且最重要的是以什么精神来从事考据。我们反对的是乾嘉年间知识分子的意识形态，那种意识形态是清客。理学家不做清客，他们都有根据中国以往的传统传下来的知识分子的理想与愿望，这些现在大家都忘掉了。中国有五千年的长久历史，一个人若有存在的呼应，即在现在就与历史生命不隔。而现在的中国人就受西方文化的影响，对中国的历史传统无存在的呼应。故与历史生命相隔，不能存在地相呼应。现在人喜言"代沟"，这是社会学与心理学所用的名词，指老少年人之间因年龄相差而产生互相间不了解的情形。这事实中国以前也并非不了解，但并不夸大此事实，却宁愿讲承先启后，代代相传。这样，个人的生命就能与民族的历史生命相契相呼应。故不要被目前的流行名词把我们的生命锢蔽住。

西方人有许多观念，许多主义，这些观念与主义只是学术上的主张，或是政治上的个人见解，在西方社会是司空见惯的，不会引起什么骚动。但这些观念与主义一到中国就不得了，每一个主义就成了一个宗教，都想以之治国平天下。就这样地生命固结在某些观念上，而排斥其他的观念，终于对我们的生命造成骚乱。

所以目前的中国人意识上的观念横撑竖架，而把生命撕成四分五裂。乾嘉年间以来知识分子的意识形态是清客。故清末民初西方帝国主义侵入中国，我们就完全无法应付。因平常不讲义理，不讲思想，故脑子里就没有观念，没有学问传统，在这样的情形下靠什么来应付呢？只靠一时的聪明是没用的，这种聪明中国人是很有的，清末民初那些人也都有，但只是这种聪明不足应付。因为我们丧失了我们的学问传统，丧失了学问传统就不会表现观念，不会运用思想。在这样不会运用思想的情形下，就以直接反应来应付问题，有一个与动（action）就有一个反动（reaction），这种反应都是直接反应（immediate response）。这个时代一般人都是采取这种直接反应的方式，直接反应怎么能解决问题呢？

因为要解答问题是要有根据的，如解答一个数学问题就不能凭空来解答，一定得根据前面所学的定理来解答。要解决经济的问题，就要根据经济学上的知识原则与办法来解决。这样就是要会运用概念，运用概念才会运用思想，运用思想才能解答问题，直接反应是不能解决问题的，直接反应的结果就是孟子所谓的"物交物则引之而已"。来一个刺激就出现一个反应，这样一个接着一个，就整个地拖下去了，所以一个民族到不会表现观念时就没有了生命（no idea therefore no life）。其生命就是动物性的，因为动物性就不需要 idea。

总而言之，中国人以前所谓学问，是要懂得义理才是学问。名理是研究逻辑，数理研究数学，物理研究自然。儒家讲性理，是道德的，道家讲玄理是使人自在的，佛教讲空理是使人解脱的。性理、玄理、空理、名理、数理、物理还得加上事理与情理。事理与情理是属于历史与政治的。中国人常言懂事，事理是一个独立的概念，情理是人能通达人情，这种属于具体生活的也是很深的学问，但在以前未见能达至佳善之境。

名理是逻辑，中国是不行的，先秦名家并没有把逻辑发展到学问的阶段。至于数学、科学也不行，故中国文化发展的缺陷在逻辑、数学与科学。这些都是西方文化的精彩所在。我们并没有发展出来，有就有，无就无，故不要瞎比附。

中国人以前几千年学问的精华就集中在性理、玄理、空理，加上事理与情理。事理、情理要有一个学问来支持才行，否则不一定好，会变成社会上所谓的老奸巨猾或圆滑头这一类的。事理、情理本来有独立的意义，故可成一种学问；性理、玄理、空理皆是学问。一有学问表现出来，人的生活才有轨道，才能处事应世。这就是中国以前的学问传统中的"理"，而乾嘉年间的学问就完全不懂这些"理"，只懂得《说文》《尔雅》之理，就是大约相当于现在所谓的语言学。到不懂这些"理"时，生命就不会运用思想，不会运用观念，这样就不能应付这个时代。

当然一个文化只有性理、玄理、空理是不够的，可是只有逻辑、数学与科学也是不够的。所以我们检讨中国的文化，没有的如何使它开出来。本来五四运动以来就想开出逻辑、数学与科学，但经过几十年的努力都还没有生根，还发不出来，目前的阶段还是在跟人家学。因为我们的头脑心态受成习底制约，很难适应这些学问，要想自发地发出这些学问来需要自觉地自我调整。

性理、玄理、空理这一方面的学问，是属于道德宗教方面的，是属于生命的学问，故中国文化一开始就重视生命。而性理、玄理、空理都是为了调护润泽生命，为了使生命能往上翻而开出的。但我们的生命不只要往上翻，还有往外往下的牵连，这方面的牵连就有各种特殊的问题，如政治、社会、经济等，都需要特殊的学问，即专家的科技的学问。这又是一个层面，与上述生命往上翻的层面不同，我们不能以这一层面的学问来代替另一层面的学问，这是不能互相取代的。一个是属于生命的学问，一个是属于知识的学问。我们也不能只有调护润泽我们生命的学问就够了，平常所谓够了是因其有普遍性有必要性，是必要条件（necessary condition）而非充足条件（sufficient condition）。了解了这点就不要争论了，讲中国文化与讲科学并不冲突。

故我们疏通中国的哲学传统，结果其重点就落在生命，其代代传下来的为性理、玄理、空理，也即儒释道三教。每一朝代的典章制度、风俗习惯，随着时间的过去就过去了，不能再恢复，那些陈迹、风俗习惯，怎么能维持不变呢？有些是可以保持的，有些是不能保持，这须分开。

故了解一个文化最重要的是要了解其内部核心的生命方向，不能把生命方向等同于每一个时代的风俗习惯。讲中国文化若只摆出我们祖先的文物古董，这样不能了解中国文化，对此应有清楚的观念，不要为目前一般流行的浮薄而错误观念所迷惑，这就须要运用思想去处理，自己的生命才能上轨道。要不然永远都以直接反应的方式去处理，这是不得了的。

语言分析对这些都需要加以分析，可是现在做语言分析也没有自发的观念，也不会运用思想，去分析目前流行的各种词语的意义。故当时荀子作《正名》，我们这个时代也一样要作，那就是语言分析的工作。故学哲学就是要做正名的工作，那自己的头脑就要清楚了。念哲学就是要使人头脑清楚才能正名，否则不但不能正名，而且增加混乱，徒增麻烦而使天下大乱。故学哲学是终身性的工作（life work），与学习某种技术不同。

我们文化的精华是可以传下来的，可以撇开风俗习惯而单独去考量之的。性理、玄理、空理也即儒、释、道三教，这是中国哲学传统所留下的智慧方向，文化基本核心处的智慧方向。但是此智慧方向不能用来解决具体而特殊的问题。我们不要以功利主义的观点，以为这些学问不能解决那些具体而特殊的问题就忽视它甚至不要它。在科技方面，虽然西方人很行，但在生命的学问方面，西方人就不见很行。故要学哲学就要好好研究：儒家的义理是什么，其中有好几层的境界；道家发展到最高境界是什么样的形而上学，其中有什么问题。至于佛教的空理更了不起，佛教的教义内容可以不管，也可以不赞成，但佛教大小乘各教派所开出的义理规模，对学哲学的人是很具启发性的。

对中国哲学各系统的性格与其所涵有的种种问题，我的《中国哲学十九讲》一书对此皆有扼要而概括性的阐述。由此初步了解中国哲学以后，我们才能了解中西哲学的会通是在哪层面上会通，在什么问题上会通，并不是笼统地什么问题都可以会通，有些是不相干的。会通能会通到什么程度？这其中还有限度的问题。这样才能一步一步地深入了解。今天所讲的是中国这一方面，就是叙述中国文化的动脉如何继续前进。

下次讲西方哲学，西方哲学由希腊开始一直发展到今天，内容也很复杂，如何去了解呢？同样地也要顺着一个纲领去了解，同样地也可用几个系统来概括。西方哲学的开始其重点就落在"自然"，以自然为对象。西方哲学概括起来有三个骨干。首先由柏拉图、亚里士多德经过中世纪至圣托马斯的神学，这就是古典的传统系统。近代以来康德以前有笛卡尔开大陆的理性主义，下有斯宾诺莎与莱布尼茨，此即所谓的独断的理性主义（dogmatic rationalism）。在英国则有洛克开端，贝克莱、休谟继承的经验主义。把此理性主义与经验主义加以批判地消化的就是康德，因而遂形成康德的传统（Kantian tradition）。这是西方哲学史上一般的讲法。我们暂不采取这种一般的分法，而把理性主义中的莱布尼茨单独提出来，因为他是最典型的独断理性主义的代表人物，康德所批评的大都是对他而发。而且莱布尼茨的哲学与逻辑往下传至罗素的数理逻辑以及其逻辑的原子论，由此也可说另开一个传统。此种讲法不是顺一般哲学史分理性主义与经验主义，而把莱布尼茨单独提出来至罗素而成一个传统。这并非说这个传统可取代理性主义与经验主义。而是把此两方面的对显暂时放一放，而另提出一个传统。因为这一个传统在了解现代哲学上是非常重要的。因经验主义较简单，比较容易了解，而理性主义中的笛卡尔也只有历史的价值，斯宾诺莎很难为人所宗主，大家很少讲他了。后来有发展的是莱布尼茨，由他开始传至罗素而发展出数理逻辑的系统，这是了不起的。目前英美讲分析哲学，所以能吸引人乃由于其渊源于莱布尼茨与罗素，因有这两位大哲学家为其背后的支柱，分析哲学才有这样大的吸引力。其实逻辑实证论的哲学内容是很简单的，其吸引人处乃在其讲逻辑。

故西方哲学的精华集中在三大传统：一个是柏拉图传统，一个是莱布尼茨、罗素的传统，再一个是康德的传统，此三大传统可以穷尽西方哲学，西方的哲学不能离开此三个骨干。

第三讲

西方哲学底传统：柏拉图传统，莱布尼茨、罗素传统以及康德传统：从莱布尼茨、罗素传统说起——莱布尼茨思想之下委与上提

这一讲来说明莱布尼茨、罗素传统。由莱布尼茨开出一个骨干，往下贯至罗素。这种讲法是大家不十分熟悉的。因为近代以来，一般都以大陆理性主义来赅括笛卡尔、斯宾诺莎与莱布尼茨。英国方面则由洛克、贝克莱、休谟而形成经验主义。这是一般顺哲学史的讲法，但我们不采取这个讲法，而以叙述主要的骨干来看西方学问的精彩，把莱布尼茨提出来由其讲逻辑、数学而发展到罗素，这便形成一个大传统。

自莱布尼茨本身讲，他的哲学也很复杂。他可以往康德方面消融，也可以往罗素这方面消融。故我们讲莱布尼茨与罗素，提出这两个人所形成的传统，既有概括性也有牵涉性。一般言之，英美的

哲学都是属于经验主义与实在论的。所以我们这个讲法，特别标出莱布尼茨与罗素，虽然他们两个人成就的重点在数学与逻辑，但若注意到罗素，则英国经验主义的传统、实在论的传统，都可以吸收进来，概括于这一个骨干中。

莱布尼茨的思想很丰富，其所牵涉的方面也很多，我们特别提出莱布尼茨与罗素来讲，这是顺着莱布尼茨之数理逻辑而往下顺，此即所谓下委。下委就是向下委顺引申的意思。而此下委则表现为纯粹的数理逻辑，以及此系统下的哲学牵连。故由莱布尼茨下委至罗素，有两方面的意义。一个是顺莱布尼茨之逻辑代数（algebra of logic）而至罗素的《数学原理》（*principia mathematica*）。这是由莱布尼茨开端，而有积极的成果，所以是属于正面的，此一大传统的成就集中在罗素，即《数学原理》集其大成。此是有成就而积极的，有建设性的结果。

而下委的另一方面的意义是指哲学方面的牵连。哲学方面的牵连包括英美经验主义与实在论以及现在的逻辑实证论、语言分析乃至维特根斯坦。这不是罗素集大成的数学原理本有的东西，但是这个骨干可以牵连到这一方面。这一方面的牵连我们也谓之为下委。与下委相对的就是上提。上提这一方面，莱布尼茨的思想也很丰富与复杂，是西方哲学史上最具关键性的人物。

可是下委的第二个意义，即哲学方面的牵连，就不似其在逻辑方面有积极的成就。这方面是消极的，因其无积极性的成就，因此我们谓之为下委，故下委之第一义是建设的，而下委之第二义则是破坏的，是劣义。第一义的下委其成就是数学逻辑。因为莱布尼茨在当时的贡献，就是他首先把亚里士多德的传统逻辑以代数的方式来表示，这是由他第一步开始的。把普通逻辑中的 A、E、I、O 四种命题以代数的方式表示出来，这样就很有价值。因为以往的表示方法不够严格，故传统逻辑的三段推理有些是有效的，有些是无效的，有些很精微的问题在老的讲法内没有接触到，或没有充分地接触到。这就是由于亚里士多德的传统逻辑不能达到充分形式化的境地。到莱布尼茨以代数的方式表示，他就可以做到初步的形式化。为什么说是初步的形式化呢？因为逻辑的形式化并不是一下就能做到的，是一步一步来的，亚里士多德本身就已初步地把逻辑形式化，他是有逻辑的天才，已经是不错了，但是做得不够。经莱布尼茨再进一步更形式化，而使亚里士多德的系统更确定。此步形式化还是在传统逻辑方面表现，还有限制。

由此以代数方式把传统逻辑形式化，进一步就出现逻辑代数，此就是完全以代数的形式来演算出一个逻辑系统，此是数学逻辑的第一个阶段，也即近代符号逻辑的第一个阶段。由逻辑代数进一步转形就是罗素表现在《数学原理》中的那个系统。此就是真值涵蕴（material implication）系统。这个系统也不是十全十美的，因为有些逻辑真理它不能表示出来，因此有其优点，也有其不足的地方。所以后来美国的刘易斯（C. I. Lewis）就另提出一个系统，称为严格涵蕴系统（System of strict implication）。故纯粹逻辑或形式逻辑（pure logic or formal logic）是在系统方面由符号表达出来。造系统造到刘易斯就已经完了，不能再造而停止了。

故亚里士多德用符号把逻辑表示成一个系统，这是第一个阶段。

到莱布尼茨的逻辑代数又表示成一个系统，由此一转便成罗素的系统，故此两者可合在一起。若把莱布尼茨的逻辑代数当做一个过渡，而把其与罗素放在一起，而以罗素为代表，就是真值涵蕴系统，这是第二阶段。到刘易斯再提出严格涵蕴系统，这是第三阶段。纯粹逻辑发展到此第三阶段算是完成了。其余卡尔纳普（Carnap）写的书不是造系统，而是对系统的解析。

逻辑系统虽经亚里士多德、莱布尼茨与罗素底努力好像已完全形式化了，但卡尔纳普指出罗素的系统虽然从头到尾都是符号化的，都是可以证明的，但他指出还是尚未达到充分形式化的地步，还是有缺陷的。这是纯粹逻辑的专门问题，我这里姑不涉及。假设我们把卡尔纳普提出的那一点补充上了，我们可说罗素的系统可以充分形式化了。若再加上刘易斯的严格涵蕴系统，则可以说逻辑已达到最高峰了。这是西方的成就，是其他的民族所做不到的。印度、中国都差得很，这是西方文化的精彩。就这一方面而言，由莱布尼茨发展到罗素是积极的，有积极的成果，而且是建设性的、构造性的（constructive），不是破坏的，故由莱布尼茨向下开，顺此方面说，是下委的第一义，是好的一方面的。

但由此骨干以及从事此骨干的研究者，而有哲学性的牵连，则大体都保持英国经验主义与实在论的传统，由此方面言下委，是下委的第二义。此方面大体是消极的（negative）与破坏性的（destructive），所破坏的大体是属于形而上学的学问，但这样并不是完全没有价值，就如休谟而言，康德就是由于他的刺激而觉醒，故也有很大的价值，英美的思想也不能轻视。当然以研究形而上学的立场来看，我们觉得它不过瘾，但在其他方面它也有其价值，尤其在社会政治方面有其重要的含义。故了解一个东西要由各方面来看。因我们是在讲哲学，故就纯粹哲学而言，就哲学性的牵连来讲，此第二义的下委总是消极的，甚至是破坏性的。

在逻辑方面是有积极的成就而成正果，而在哲学方面则不成正果。英国人在哲学智慧方面总是较差的，因此不能成正果。在哲学方面没有了不起的成就或正果，他们也不要求有特殊的成就。但在政治社会方面能使人民的生活有秩序能安定，有好的生活上的安排也是很重要的，这方面英国人的贡献也很大。故一方面他们也很现实而实际，社会上讲自由，其政治制度为世界上最安定的，英美的政治与社会很安定，如罢工也不会引起社会上的骚动与不安，人民也能忍受，政府也不干涉，他们维持着《大宪章》以来的自由传统，尊重人权。但哲学思想，就其经验主义与实在论而言，却不高明。打个譬喻，就是宁愿不做佛不做菩萨，而做一个合理的众生，使我们的社会有一个合理的安排就够，由此而言，有它很大的价值，但由纯哲学而言则不很足够，故言下委。

但莱布尼茨的思想不只是纯粹逻辑一方面，他本身对于形而上学也有很大的兴趣，因他毕竟是德国人，大陆理性主义的领导人物。他的后学为沃尔夫，故一般在哲学上称莱布尼茨－沃尔夫系统（Leibniz-Wolff System）。但提到形而上学的系统，英国人对之毫无兴趣，就罗素而言，他对莱布尼茨最有研究，他自以为了解莱布尼茨最多，对其他哲学家的了解并不比他人多，或甚至比不上他人。他对莱布尼茨的了解是很自负的，此话好像是可以说的，因为他们两个人的心态（mentality）在某些方面很相契，都是数学家、逻辑学家。虽然这样，但罗素对莱布尼茨的形而上学的玄思毫无兴趣，他说是妄想，不过虽然是妄想，但也妄想得很清楚，此也是很不容易的。

　　莱布尼茨之心子（monad）是形而上学的多元论，心子是精神的（spiritual），故译为心子，atom 为原子。不管心子或原子都是属于多元论的。莱布尼茨就指出原子这个概念是自相矛盾的，非理性的。原子是由古希腊就提出的，Democritus 就讲"原子"，而莱布尼茨为什么说原子是非理性的呢？依莱布尼茨，原子是物理上的概念，故是有质量的，有质量而又说原子是最小而不可分，这是自相矛盾的，故这个概念是不通而不能成立的。故若要肯定宇宙之形而上学的最后单位，一定是心子，是精神的而非物质的，故他倡言心子论（monadology），故他的形而上学的系统是心子的多元论（monadological pluralism）。罗素对之不感兴趣，而由其实在论的见地一转而成逻辑原子论（logical atomism）。

　　物理的原子论可以由物理学而得到验证，并非由于我们纯粹的思辨。有验证是由经验的科学为线索而引到原子的，但其实原子也不是最后的，也可以再分成量子如中子、电子等等，由这些科学发展的事实，我们就可以了解科学的原子是暂时的（provisional）。"暂时"是说目前的知识只能知道到这种程度，因此就讲到这里。至于宇宙的客观真实是否是原子或量子，就不得而知了。故科学所要求的最后单位，不管是原子、量子、电子、中子，都是暂时性的。暂时性就是一种方便，即科学家为了解析现象时方法上的方便，而不是原则上客观地肯定宇宙最后的单位是什么，故科学上的暂时性的原子论是可以的。

但形而上学的，不管莱布尼茨的心子或 Democritus 的原子，都是出于吾人纯粹思辨上的想象，没有根据而不能得到证明，故康德称之为思辨哲学（speculative philosophy）的独断猜想。

至于罗素以他这种逻辑的头脑，最严谨而又实在论的态度，当然不能肯定这种形而上学的原子论。但罗素也有其自己的形而上学，为英国式的，由英国经验主义与实在论的传统，加上逻辑分析的方法，就一转而成逻辑原子论。此既非形而上学的，也不是物理的。因为物理是属于经验知识的，由科学家来决定。由科学家来决定的就不是属于哲学问题。而莱布尼茨的心子与古希腊的原子，都纯粹是诉诸思辨的理性、玄思的理性，故是毫无根据的。

逻辑原子论是逻辑的多元论，是经由逻辑的分析，所必然地逼迫出来的。为了我们的科学知识能够成立，科学的研究能够进行，我们就必须假定知识对象的多元性与原子性。换言之，逻辑原子论是由逻辑分析的处理程序（procedure）而逼迫出来的，有其必然性也即必要性，而非盲目地、独断地由主观方面来肯断，而是由于客观地逻辑地处理一个对象或一个论题而必须假定这样。故此多元性是被逼迫出来的，由逻辑分析（logical analysis）而来的。

依罗素，我们要有清楚而确定的科学知识，必须靠两个原则，而不要去想宇宙究竟的成素是什么，因为这些都是无根据的妄想。但我们是要得到知识的，而知识之成为知识必须通过逻辑分析的程序，此逻辑分析的程序是处理上的程序。科学之所以能够使我们有知识，也就是因为这些知识可以满足逻辑分析、逻辑处理的那些条件。科学家们尽管可以不自觉到是在根据这些条件而进行，但这是不相干的。这些条件是什么？依罗素，一个是外延性原则（principle of extensionality），另一个是原子性原则（principle of atomicity）。

外延性原则是很重要的，概念若无确定的外延，就无客观而普遍的知识。与外延相对的就是内容（intension），内容应用的范围就是外延。逻辑的第一步就是要确定一个概念，也即对概念要下定义（definition），要下定义就要知道它的外延是什么，它的内容是什么。若无定义就无明白而确定的外延与内容，这样就无客观性，而不能客观地被讨论。因只根据个人自己主观的想法是不能成立讨论的，有了定义后才有客观性。

除外延性原则之外，还有一个原子性原则。此也是在逻辑分析的程序下所逼迫出来的。原子性原则是表明部分可以离开全体而单独地被研究。我们平常一言部分就想到全体，即全体与部分（whole and part）不可分。一般以为要了解部分一定要通过全体，一离开全体就不能了解部分。反过来，也可以说全体是由部分构成的，若不了解部分就不能了解全体，这样就成了一个循环。而原子性原则就是肯定部分可以单独地被研究，可以离开全体而被了解，若此不可能，我们就无科学知识。举一个例子，若要了解一根头发，就要了解全部的头发，这样就还要了解头部，但为了了解头部就要了解全身，要了解全身又要了解我所在的教室，由此推而广之，又需要了解台北市、台湾地区，整个地球乃至太阳系，若这样一来我们到何时才能真正了解一根头发呢？故若无原子性原则，我们就无知识可言。在此，原子性原则有意义，否则部分就不能被分析，故逻辑原子论就是由原子性原则而逼出来的。换言之，就是根据逻辑分析处理程序之必要而逼出的假定，这不是基于形而上的肯定或物理学上的假定。这是高度的近代化思想，这样就可以看出逻辑原子论的意义。

如上所述，原子论有好几种形态，不管是形而上学的、物理学的或逻辑的均各有其意义，而且这是哲学的问题，哲学的问题还是要哲学地处理之。罗素有他自己的形而上学，此是由其逻辑分析所逼出的一些假定，而不是由形而上学客观地肯断说：如此或不如此。由此而言，莱布尼茨之心子论（monadology）在罗素看来就无意义而被解消，因此莱布尼茨所有的形而上学的妙思都没有了，由此而言也可以说是下委。因莱布尼茨上提方面的思想就这样被罗素拖下，而依罗素的看法，这样莱布尼茨的思想才能一致而一贯。

故莱布尼茨的逻辑分析的头脑一直发展贯彻下去，当是往罗素那里发展。不过有些所思考的问题实非逻辑处理所能决定的，有些是可以由它来解决，如科学知识这一类，但另外有些不是这方面的问题就不能单凭逻辑分析就能解决的。莱布尼茨的思想就有些不是这一类的问题，如他讲上帝，上帝在某种意义上讲也是必要的。他也讲意志的问题，这些都属于价值方面的，而非科学知识的问题。而这一类问题就非单凭逻辑的分析与处理就能解决。罗素就是以其逻辑原子论来取代莱布尼茨的心子多元论。可是心子多元论在莱布尼茨的思想系统中还有其他的牵连，但罗素并不感兴趣。他说莱布尼茨的哲学中，凡越是抽象的东西，讲得越好，至于讲具体的哲学

（concrete philosophy）如道德、宗教、艺术与政治等等，实践方面的（practical）就很差，这些方面不是莱布尼茨哲学精彩的地方。因他的思考形态是逻辑型的，故讲抽象的就很好，讲具体的就差了。由此莱布尼茨与罗素两人的思考形态相契相应，故罗素就可以深入了解莱布尼茨这方面的思想。

至于莱布尼茨那些非抽象的哲学，非逻辑分析所能处理的问题，就往康德那里转，经康德的批判后把它们保留下来，这是属于上提的。这些就是不属于逻辑的或非逻辑分析所能处理的。换言之，即价值问题，属于道德宗教之范围。其中的思想与观念，莱布尼茨本身之兴趣也很大。但其结果是独断的讲法，这样就保不住。但保不住也不似罗素那样一下子就把它们全部取消，而是想法如何把它们保存下来。这就是康德的态度。只要有价值就想法给它恰当的安排，不能随便把它取消，这才是客观而公正的态度。故所谓"批判"在康德处是最客观、最合理而最谦虚的，而非乱批判。批判的本义应是论衡、衡量、抉择与料简的意思，所以牵连到道德、宗教的那些问题也不能随便取消，康德的方法就是通过批判的精神，抉择、衡量，把它们保留而不采取莱布尼茨的独断论。

康德在《纯粹理性批判》中批判莱布尼茨的地方是非常严密的，在表面上他很少提到莱布尼茨的名字，康德在其书中的思想与论辩很多是针对莱布尼茨而发的，重要的思想与观点都是莱布尼茨讲出来的，莱布尼茨的思想不是很容易了解与把握的。罗素专门研究莱布尼茨，而其所写的《莱布尼茨哲学之批评的解释》一书并不完全可靠，并没有把莱布尼茨的思想完全表达出来。康德只在某些地方提到他，而且也没有正式地正面讲莱布尼茨哲学，但他早已经能控制住莱布尼茨了，要了解一个人至少要与其同等，同等以后才能超过他，越过他，也才能驾驭他。达不到他的程度就不能与他同等，就不能了解他，这样就不能越过他，驾驭他。故最了解莱布尼茨的应是康德。但要研究莱布尼茨不能拿康德的书来做参考，因为其全书中有时甚至连他的名字都没有提，故不知其实在是在讲莱布尼茨的。

莱布尼茨的这一思路往罗素处发展就成逻辑原子论，往康德那里就开出批判哲学的康德传统与后来的德国观念论。

莱布尼茨上提方面的问题，康德乃以另一办法处理而把其保留。逻辑方面则发展成罗素的《数学原理》。本来哲学方面的经验主义与实在论是由英国人开出的，而莱布尼茨本身也不是经验主义也不是实在论，但由"莱布尼茨－罗素"这个骨干之哲学方面的牵连就可接触到英国的经验主义与实在论。英国式的经验主义与实在论的精神在社会政治上有其价值，但就纯哲学而言，还是消极的。这不但在形而上学，就在知识论方面，也是如此。若把这种思想在政治、社会方面的影响暂时撇开，而单就知识论、形而上学等哲学方面，而考虑如何来收摄这一套，如何能融进康德的系统里，使它在知识论的范围内不要与康德哲学相冲突，这是十分精微的哲学问题。在知识论的范围内，两者是否有冲突是有问题的，以英美人观之，就以为有冲突，因康德的先验主义以及其"经验的实在论"与"超越的观念论"，英国人不太懂。不要说康德的全部系统不能了解，就是康德哲学中最初步的先验综合问题至今还没有了解。其实并不是那么难于了解，而是牵涉到民族的偏见与习惯。若客观而严格地言之，其实是无什么冲突的。以为有冲突是英国人自己主观的看法，因为他们以为经验主义可以否决康德的先验主义，其实是否决不了的。他们以为实在论可以否决康德的主观主义，这也有问题。方便言之，即使康德有主观主义之相，但他也有实在论之相，这也是反对不了的。因康德在知识论的范围内，正好是"经验的实在论"（Empirical realism），而康德全部的思想是"经验的实在论"与"超越的观念论"（Transcendental idealism），这是不容易了解的，而且是常遭误解的。

英美所谓的经验主义与实在论（包括各种形态），其实都逃不出康德"经验实在论"的范围，尽管有种种说法，尽管不用康德的词语。康德的"经验实在论"是针对贝克莱之所谓的独断的观念论与笛卡尔之或然的或存疑的观念论而发的。贝克莱的"to be is to be perceived"（存在即被知），我们说这是主观的观念论，其实此词语并不妥当。独断的（主观的）观念论与存疑的观念论都在经验层上说话，故康德指两者为"经验的观念论"（Empirical idealism），而在超越层上则为实在论，故为"超越的实在论"（Transcendental realism）。而康德在经验层为实在论，故曰"经验的实在论"，在超越层则为观念论，故为"超越的观念论"。贝克莱、笛卡尔正好与康德相反。

"经验的观念论"使我们的经验知识无实在性可言，"超越的实在论"又使我们形而上学的知识成为妄想。其实"经验的观念论"涵"超越的实在论"此句话只能就笛卡尔说，不能用在贝克莱。贝克莱之观念论，康德指其为独断的观念论，一般谓之为主观的观念论，他并无经验层与超越层这二层之分。因为"to be is to be perceived"，则一切知觉现象都是主观的 idea，离开 idea 其背后再没有什么实在，故他无超越意义的实在。康德对此并无简别，这是他一时的疏忽，故他所谓的"经验的观念论""超越的实在论"大体都是指笛卡尔而说的。

下一讲要讲的是在康德的思想内，我们如何把这些经验主义与种种的实在论都吸收到"经验的实在论"内，我们又如何来了解"超越的观念论"以及为何"超越的实在论"是不行的。这样一步一步前进，我们可以把那些乱丝都予以厘清。

而且在讲经验知识、科学知识的范围内，罗素有好多思想都是来自康德，说得不客气，都是偷自康德，只是所使用的词语不一样而已，而他自己也不提，现在逻辑实证论的思想也大都来自康德，由康德启发出来的，故我曾经说过，在某一个意义上康德是最大的逻辑实证论者。逻辑实证论中说什么是无意义，其实都是康德早已说过的。

故念西方哲学，古代的哲学由古希腊起到康德以前的哲学都汇归到康德处，康德以后的哲学都由康德开出。故没有一个读哲学的不读康德的，不管你赞成与否，了解与否，了解到什么程度，都非读康德不可。因为在康德的哲学内，一切哲学的问题，哲学的论点都已谈论到。你需要有哲学常识，知道有哪些哲学问题与其来龙去脉，康德以前如何思考，康德以后如何思考，知道了以后才能继续前进，故读哲学的人都可由康德处得到启示。

他对哲学的概念（Philosophical concept）、哲学的论辩（Philosophical argument）与哲学性的分析（Philosophical analysis），都全部提到。世界上自有历史以来，从没有一个人能像康德这样达到真正的哲学专家之地步。真正专业于哲学的是康德。他一生活到八十多岁，任何别的事不做，一生也没有离开过他的家乡，一生精力全部集中在他的哲学构思，这真是一位了不起的人物。故有人说康德的哲学是哲学的常识，但此常识并不是平常的常识，而是非常深入的常识。也有人说过，通过康德哲学不一定有更好的哲学出现，但不通过康德的哲学则只会有坏的哲学，故读哲学的人一定要读康德，否则是胡思乱想或落入旁枝偏枝，而得不到学习哲学的正确途径。

第四讲

康德的"经验的实在论"与"超越的观念论"：此对反于"经验的观念论"与"超越的实在论"；由经验的实在论融摄知识范围内一切实在论的思想，由超越的观念论融摄一切关于智思界者的思想

莱布尼茨-罗素传统于逻辑以外在哲学方面也可下委也可上提。上提的方面是关于形而上学方面，即所谓的理性主义的独断论。下委方面大体是英美的经验主义与实在论，言至此，我们再加上二次大战以后流行的胡塞尔的现象学与海德格尔的存在哲学等不属于"莱布尼茨–罗素"传统的思想。这些下委的思想，我们如何把其消化到康德的批判哲学呢？

首先要了解康德本人的思想是"经验的实在论"与"超越的观念论"。上讲也已经提过这个思想是针对笛卡尔而言，因笛卡尔的

思想正好是"经验的观念论"与"超越的实在论"。

　　康德的"经验实在论"的意义，简单地说，大体可以就三项来了解，即时间、空间与现象。这三端都可以表出经验的实在性与超越的观念性。由经验的实在性说"经验的实在论"，由超越的观念性说"超越的观念论"。时间、空间与现象三端，其中时间与空间是一类的，依康德说时间、空间只在经验现象上有效，可以应用，在此就有其实在性。假如离开了经验现象，离开我们的感性（sensibility），而想象时间、空间是绝对客观的自存体，或附着在客观物自身上的一个属性，这就是妄想，妄想就是空观念，而无实在性，故言超越的观念性。

　　这里"超越的"一形容词意思是"超绝"或"超离"义，即Transcendent一词之意义。在康德"超越"一词与"超绝"或"超离"的用法不大相同。"超越"是指某种先验的（apriori）东西，先乎经验而有，不由经验得来，但却不能离开经验而又返回来驾驭经验，有此一来往，便是Transcendental一词之意义。假如是超绝或超离，即"Transcendent"，则此超绝或超离就是与经验界隔绝，完全隔离，一往不返；而超越则往而复返。此处言时间、空间若离开吾人的感性主体，离开了经验现象，而想其为客观的自存体，或附属于物自身上的一个形式条件，或一种属性，这就是空观念。但超越与超离的区别，康德本人也常不严格遵守，此处用transcendental，其实就是transcendent的意思，此即超离、超绝。说超越的观念性实即超绝或超离的观念性。若不离开感性主体，不离开经验现象而为经验现象之形式条件，就有其经验的实在性。就其经验的实在性而言，我们也可说这是时空之内指的使用（Immanent use）；若就其超绝的观念性而言，这便是时空之外指的使用（Transcendent use）。此内指外指不同于 internal 与 external、inner 与 outer 之相对。Transcendent 往上超越一往不返，故超绝而外在，这外在是以超离定，简称曰外指；Immanent 则虽超越而又不离经验，简称曰内指或内处。内指或内处，中文有时亦译为内在，则常与 internal 相混。但当内在与超绝对照地使用时，此时之内在人们一见便知是指 immanent 而言，故最好译为内指或内处。这样，是依上下而为内外，而不依主客而为内外。时间、空间如此，现象也是如此。

每一个东西依康德，都有双重身份，即现象的身份与物自身的身份。物自身的身份我们不知道。故一物如粉笔，若把它当做现象看，则它就是呈现于我们的感性主体者，其显现乃对感性主体而显现。当你说现象而又离感性主体，只从理性上讲，或只从纯粹知性上讲，而不想现象以什么方式，如何呈现到我们的眼前，那么此时现象即一无所有（nothing）。现象要显现出是一个东西，就是对感性主体而显现。如离开感性主体只从理性上想这个现象，此时这现象就是空观念，一无所有（nothing）。由现象也可说其内指的实在性，即内指地言之，现象是个实在的现象，不是幻象（illusion），是真实实在的东西，这内指地说是对的，但外指地说就不对，只是空观念。

康德大体由此三方面来辩说经验实在性与超越观念性，假若了解此三者的经验实在性，就知道康德为什么说在经验现象范围内我们所知的一切现象的对象都是实在的。即平常所说的 matter，在康德看来也是一大堆现象，所以也是实在的、真实的，而假如像贝克莱所反对的 matter，那不是真实实在的 matter，那是抽象的概念（abstract concept），因为杯子是具体实在的东西，故 matter 不能拉掉，拉掉了，杯子不是变成空的影子吗？matter 是实在的，若把其讲成抽象的概念，杯子就成空的。故 matter 不能拉掉，不能当抽象的概念看，而是一个具体的表象、具体的现象，故杯子是实在的东西，这就是康德的经验实在论。这三端内指地说，皆可达到经验的实在论，外指地说，因其离开我们的感性主体，则只是个空观念，什么也没有，由此而言超越的观念论，即明超绝、超离者之观念性。

平常人不了解康德之思想，以为他是最伟大的观念论，最伟大的唯心论，这些词语都非常麻烦而不对的。康德说超越的观念论，这不是他的思想之积极意义，不是好的意思，是个空观念而没有实在性，这就叫做观念论，故非积极而好的意义。若以最伟大的观念论或唯心论来说他，此似为赞美之词，这样该有积极的意义，但对康德本身而言实非如此。在知识的范围内，超越的观念论是消极的意义而非积极的意义。在此言空观念乃指对时间、空间与现象三者皆了解得不对而言。

上面只就时间、空间与现象三端是在经验知识的范围内言有其实在性、真实性，但我们的思辨理性（speculative reason）、理论理性也即知解理性（theoretical reason）常常越出经验范围的限制，而想出好多的观念，如世界是有限或无限，世界有无第一因，世界有无上帝。这些观念都是可以想的，但都是越过经验可能的范围而想的，想是这样想，但所想的这些观念（idea）并无实在性，康德称此为理念，意即由理性所思出的概念，而这些理念也只是空理念而无实在性。因无直觉给予这些理念以对象，在此无直觉可给，也即无对象可给，这样这些理念不是空的吗？

故由时间、空间与现象扩大至世界有限无限、世界有无第一因、世界有无上帝等等，在思辨理性、理论理性、知解理性之范围内都是空观念，由此也可说超越的观念论，此时超越的观念论便扩大了其所指；开始时只是时间、空间与现象三端。思辨或知解理性所构想的理念也没有实在性，因此也可以说超越的观念论，此超越的观念论不是好的意思。站在思辨或知解理性的立场可以这样讲，但这并非了义，并非究竟话头，故康德并不停在这个地方，他留一个后路。若转到实践理性（practical reason），则上述的第一因、上帝都可以有实在性，此时可以有实在性是由实践理性讲的。因思辨或知解理性是知识的立场，由知识的立场我们对于这些都是没有知识的，故在思辨或知解理性是没有实在性的。但这些理念在实践理性上有实在性，则此时就不能说是超越的观念论。

一般人了解康德之超越观念论，只知道上帝之存在不能被证明，故"上帝存在"之证明是不合法的，灵魂不灭也不能被证明。康德是站在思辨理性的立场，认为这些是不能证明的，故谓之理念，理念者，理性之概念也。但转至实践理性讲，这些理念就有实在性，而此实在性是在实践理性上的实在性，而非知识上的实在性，故在知识上只有超越的观念性。

康德本人的经验实在论与超越观念论大体是这个意思。笛卡尔就知识范围而言，正好是相反，是经验的观念论。其大体的论点是：

一切经验的东西均由感性出发。但由感性所见的东西都可以欺骗我们，带有主观性，且随人而异，随时而变，就是正常（normal）的状态也是无严格的意义，而并非一定的。这种由感性出发的都是主观性而且可以欺骗我们，此之谓感性之欺骗性，亦即感性不能证明杯子的实在性，故谓之为经验的观念性。

笛卡尔这样说，贝克莱也这样说，故贝克莱说：To be is to be perceived。存在的东西都是被觉知的东西，离开能觉知的心或觉知的心觉，就没有存在的东西，故一般称之谓主观的观念论，在此译为观念论是不对的，不恰当的。因贝克莱之 to be is to be perceived，被觉知的存在是在觉知之心的眼前呈现的存在，并不是我们心理学上的观念，故在此译为观念是错误的，令人生误解的，以为贝克莱之主观观念论是哲学家在玩弄魔术，无中生有。

贝克莱之 idea 非心理学的观念，英文之 idea 有许多意义。idea 有心理学的意义，如对一件事有何想法、意见，此时就谓之观念。但贝克莱使用 idea 不是这个意思，而是指一个客观而具体的存在。此具有现实的（actual）、具体的（concrete）、特殊的（particular）三种性质。"具体的"是在与能知之主体的关系中呈现而为"现实的"，"现实的"都是"具体的"，"具体的"都是"特殊的"，此三者是相连而生。假如一个东西与任何觉知之心没有发生关系，这个东西就是没有，这是贝克莱的辩论。与你、我或其他有限的存在都不发生关系，最后就与上帝发生关系，也即总不能离开能觉知之心，这也是很合理的辩论。

此时之 idea 是具体而现实的对象（concrete and actual object），

这正好与我们心理学的观念相反。若照心理学的观念来作解，这就是玩弄魔术，这样就完全不对了，故贝克莱之 subjective idealism，严格讲应译为"主观觉象论"，觉象即知觉现象，相当于罗素所说的 percepts。贝克莱用 idea 一词是根据希腊文原来的意思，希腊文之原意是可看见的相，可呈现的相状。海德格尔（Heidegger）抨击柏拉图使用 idea 乃违反当时希腊文的原意，因 idea 本来是可看见的相，但柏拉图把它倒转过来变成超离的实在，故此非希腊文之原意。虽然柏拉图能开出一个伟大的传统，但海德格尔就认为西方哲学由柏拉图就开始衰退（decline），也就是其哲学系统丧失西方哲学传统原初的哲学智慧而下降衰退。当然这是他个人的看法，并不一定可靠。

但柏拉图把 idea 变成在经验之外而成超绝，故亚里士多德批评柏拉图的 Idea（理型）为 Transcendent，而他则想把它内在化。但其实柏拉图也可反辩说他并未违反一般使用该字的原意，因一般使用 idea 意谓可见之相，但他也可以意谓它是可见之相，只是他是用心眼来看的。故有人把他的 Idea 译为"相"，此译不好。柏拉图之意思为理型，此译最为恰当，最合乎他的意思，因其为现实事物之模型，是个 form，而且是最真实的，在感觉世界之外，故译为相，是可以引起误会的。在贝克莱使用之 idea 还可勉强译为相。中国人使用相是相状相貌，在佛教常称法相，法相是属于缘起法的。故柏拉图所用之 Idea，依一般译为理型较好。柏拉图理型也是可见之相，是个 form，而且可见得很准，不过非以肉眼来看，乃是以心眼来看，即由清净之灵魂就可看见 Idea，而且看得很清楚。而且希腊文 Idea

一词的含义本来就很笼统广泛，不一定只限于感性的，也可用于超感性的，故其实柏拉图也未必错。

贝克莱的 idea 其实是觉象，即我所觉知的现实存在。这样一来译为主观观念论是完全错误的，不但不表意而且错误，故当译为"主观的觉象论"。但依主观的觉象论，尽管说是一个对象是具体、现实而特殊的东西，但只是诉之于我们之感性知觉（perception）而呈现的现实对象，仍然是些主观性的东西，仍然可欺骗我们而无保障的。若只是这样说下去不能证明杯子之客观实在性。

所以由感性而给予的对象要有客观实在性，是要加好多手续的，这好多的手续是无人能反对的，大家共同承认的，就是实在论的罗素也说"我们的哲学都是帽子底下者的哲学"，也即脑神经中的东西的哲学。一切现象，一切特殊的东西（particulars），也即我们所觉知的一切特殊现象，都是属于脑子里的，故纯粹是自我中心中的特殊现象（egocentric particulars），而这些自我中心中的特殊现象要能成为有客观性的对象，依罗素也须靠一些条件。而这些条件他称之为设准，这些设准不能证明也不能否证，但是在技术上是需要的，这些思想其实与康德的思想差不多。罗素是历来反康德的，但说到这个地方罗素就让步了，说好听是让步，说不好听是投降，可是还没有完全投降。

如上所述，康德之超越观念论不是好的意思，idea 在这个地方可以译为观念，因其无实在性故为空观念。康德在知识的领域内，他的正面主张是经验的实在论，不是经验的观念论，就是说，通过感性而有的主观表象，是在诸多形式条件下而成为客观的实在的。

至于说到自由、上帝、灵魂不灭等 idea 即他说的理念，意即理性所发出的概念，因在思辨理性之领域内，这些理念只是空洞的理念，因为一个概念必意指一个对象，而此对象之实在性是不能被证明的，此时理念就可以被贬视为是空观念。

至于笛卡尔则认为我们的知识对象都是由感性而给予的，但感性可以欺骗我们，故只从感性上不能证明杯子的客观实在性。其客观实在性既不能被证明，故从感性上说，杯子很可是一个虚幻的空观念，此为存疑的、或然的观念论（problematic or sceptical idealism），亦即是经验的观念论，即，对于对象，由感性出发而说的经验上的可疑的、或然的观念论。贝克莱的 Subjective idealism 也是经验的观念论，因他也是从感性出发，觉象均经由感性而得。但他所用的觉象（idea）却是指具体特殊而现实的东西说，他认为此即是真实的对象，因上帝把它们呈现到我们的眼前。但就由感性出发而得觉知而言，这仍是主观的观念论——觉象论，亦即仍是经验的观念论（觉象论）。故贝克莱、笛卡尔两个形态均是经验的观念论，唯观念底意指不同而已。经验的观念论使我们经验的对象、全部的现象世界变成空幻，这个结果很坏。康德在此就不主张观念论而主实在论。在经验观念论下，客观的知识就没有了，我们的知识能知道什么呢？我们所知的全部现象界都变成空幻，这是其论辩的自然结果。我们不能反对这个结论。虽有上帝的保证亦无用。

故康德那套思想在知识这个领域费大力来扭转贝克莱之"主观觉象论"（subjective idealism）、笛卡尔的"存疑的或或然的观念论"（problematic or sceptical idealism），这些为经验的观念论，故康德为经验的实在论。假如在此不能言实在性，不能说实在论，我们所知的现象就无实在性。由于我们知道这些现象要靠时间、空间这些形式条件，离开这些形式条件我们不能知道现象。那么时间、空间若不为感性之形式条件，便无实在性。时间、空间这些条件无实在性，现象便不在时空中，因而也无实在性，这样就无经验知识。这个辩论是很强有力而且很锐利的，这就是由十七至十八世纪那个时代中的真正的哲学问题。这些问题现在的人都不谈了，而这些问题其实也是非常麻烦的。这些由现代人看来是古董，其实是真正的哲学问题，这些哲学问题还是要哲学地处理之。如果哲学问题通过什么方法来分析，分析的结果是被取消，这不是真正解决问题之道，故现在就有人重视十八世纪的思想，这些思想才是健康的、积极的、建设的（constructive）。二次大战后，十九、廿世纪的思想都不行，才是真正的衰退（decline），而西方的近代文明其实是靠十八世纪开出的。

经验的观念论依笛卡尔的想法，感觉不能证明对象的实在性，但我们又假定有客观而实在的对象，但又不能由经验来证明，那么这样就是超越的或超离的实在论（Transcendental realism）。笛卡尔证明 matter 与 mind 为独立的两个 substance。那种证明完全是以纯粹理性的推理来证明，这不能算是真正的证明，其实是不能证明。他先证明 mind 这个 substance，这是由"我思"而直接证明的，其实只是直接意识到。然后再通过上帝底存在之证明而证明 matter 这个 substance，这是间接的证明，其实只是由上帝来保证。然而，证明上帝这个 substance 之存在乃是存有论的证明（ontological proof）。

他由此就知识而言，就保证了客观方面有实在的对象如杯子。若不管上帝那一方面，这样肯定客观实在的杯子就是超越的实在论。康德在此正相反，是超越的观念论，这不是反过来吗？故一定要主张"经验的实在论"与"超越的观念论"。

笛卡尔首先由"我思"肯定"心灵"（mind）这个"本体"（substance），外在世界的本体是"物质"（matter）这个"本体"（substance），因而有两个超越的本体，此即笛卡尔的超越的二元论。但康德在此声明经验意义的二元论（dualism in empirical sense）是可以讲的，但超越意义的二元论（dualism in transcendental sense）是不能讲的，因后者不能证明而站不住的。这个见解也很有启发性，且很微妙而不易懂，超越意义的二元论就是笛卡尔的思想，经验意义的二元论是康德的思想。只能有经验意义的二元论是很明白的。但于心物超绝地言之，我们能说什么呢？这里头有很微妙的道理，玄得很，在此表现得最好的是佛教。

康德已经有玄微的思考，已经有暗示，为何可以有经验意义的二元论？因很明显地我们依内在感觉（inner sense）有内部直觉，依外在感觉（outer sense）有外部直觉。而究竟这两种直觉显然是不同的。在经验世界的范围内，心就是心，物就是物，这个不能混乱的，不能瞎调和的。在这个地方不能说"色心不二"或"心物是一"那些不相干的话，故经验意义的二元论可以说，但超越意义的二元论则不能说。在我们经验知识的范围内，心（mind）与物（matter）是不同的，我们了解自己的心是在时间这个形式条件下通过内部直觉而见到的。而了解杯子这个物体（matter）是在空间这个形式条件之下通过外部直觉而见到的，故在经验上心与物两者是不一样的。因此在经验意义上，不能讲一元论；色心不二、心物是一在此都不能讲。

若不在经验范围内，超越而外指，超绝而超离地讲，康德说这时心与物是否能分得这么清楚，是很难说的，而且不一定，他说得很老实。首先要了解，在超越的层次上，在康德就是所谓的智思物（noumena）这个范围，即物自身之范围内，心与物是否能如经验世界范围内分得那样清楚，是很难的，做不到的，因为在物自身范围内，时空是不能应用的。他的论辩完全是根据逻辑的推理（logical inference）而推想到的，他的思考力很强，但他说这一大套我们并不亲切。只是根据逻辑的推理，似乎理当如此。

对智思物要讲话是不可能的，因无根据。以什么根据能说在智思物范围内不是如此？因为对智思物要想有所说，表示态度，一定要对之有直觉（intuition），但我们的感触直觉（sensible intuition）是达不到的，能达到的是智的直觉（intellectual intuition），但这种直觉依康德，人类是没有的，既没有，我们能说什么呢？所以无直觉可给，就是空的，范畴也不能应用，故不能有任何判断或加上任何谓词。即以此故，康德推想超越意义的二元论是无根据可以成立的。他只是这样推想，生硬得很，而一般人更是不懂，总是如隔万重山。

但东方，中国的传统对此有学问的传统，有清楚而确定的观念，故能清清楚楚确定地讲出为什么在此不能有二元论。在此有许多漂亮的话题，不是如康德那样只根据逻辑的推理而推想。如佛教的智者大师、儒家的王阳明到后来的王龙溪，都对之讲得非常清楚而确定，了如指掌。中国的这些先贤在一千年前就已经说得比康德透辟多了。道理不管由谁讲出，不管时间、空间的差距，但一成道理就有普遍的意义。因为只要是人，人是有理性的，不管古今中外，凡是人就能合理地思考，能合理地思考，就有普遍性的概念（universal concept），这样就有客观的意义，所以道理是可相通的。如大家对此要有基础知识与进一步的了解，请参阅我的《中国哲学十九讲》《佛性与般若》等书。

康德已经厘清以往的泛滥，但因经由逻辑的推想故对智思物说得总是消极，但在经验范围内的现象界，他说得清清楚楚，而且都完全展示出来，因为这方面有直觉做根据，故在这方面他说得清楚而积极。在此我的目的是要点醒关于二元论，经验意义的二元论可以讲。当我说经验意义的二元论可以讲，意即在知识的范围内不能说物我双忘、主客并泯，乃至色心不二、心物是一，这些话，因此心物是可以分得清清楚楚的。但超绝地言之，心与物就不必然能那样分得清楚，以是故，超越意义的二元论是不能讲的，因此始有色心不二、心物是一，乃至智与智处俱名为般若，处与处智俱名为所谛，以及王龙溪的"体用显微只是一机"，"心意知物浑是一事"，那些玄妙的话头，但却清楚得很。

这就是康德把经验的观念论转成经验的实在论，把超越的实在论转成超越的观念论。莱布尼茨－罗素传统的哲学方面的牵连就是所谓的下委方面，包括英美与罗素以后的经验主义与实在论，这些虽有种种的说法，但都说不出名堂与道理。反正他们就是承认经验对象有客观实在性，若无客观实在性，我们科学研究的是什么？就是这么一句话，其实这句话只能说是信念，不能说是证明，并不成论辩。大体一般人的实在论都是这一类的，反正在这个地方也不要辩了，越辩越糊涂，我们就干脆承认其客观实在性就好了。若无客观实在性我们的科学知识就无对象了。他们的说法大体都是属于这一类的，故这些实在论实无多大的意义。

我们就姑且承认他们有相当理由，但都是零零碎碎的，这些思想都是无统宗、无归宿、无收摄。而这一类的思想，也就是这些种种的实在论，均不能逃出康德的"经验实在论"的范围。由此实在而成为经验的对象，而其所以成为经验的对象是要靠一些条件如时间、空间以及十二范畴等，这些条件是主观的，但这些主观条件并不妨碍其所成的对象是客观的，故他们指康德是主观主义，这种指责是似是而非之浮词。时间、空间与杯子是两种不同的东西，而他们对时间、空间根本没有了解就判断康德是主观主义。时间、空间是虚的，但是又很有用，我们天天就离不开时间、空间，若说它们是实的，那它们在哪里呢？我们可看见杯子，但不能看见空间。在外在世界有杯子这个对象，可是外在世界并无时间、空间这个东西。所以对于这一类的东西都要仔细去了解。这些都是哲学上的概念。故以康德的说法，时间、空间是主观的，这个主观的意义并不妨碍杯子这个现象之客观实在性。既然不妨碍其客观实在性，但同样地我们也不能因而就说时间、空间是客观实在的。这不是拆开了吗？为什么一定指这样的说法是主观主义呢？时间、空间如此论，十二范畴也是如此论。作为范畴的那些概念，称为纯粹的形式概念（pure formal concept）。形式之所以为形式，是因为代表法则，故为法则性的概念，法则性的概念是虚的，可由我们思想本身发出，也不妨害经验对象或现象间的因果关系是客观而实在的。相反的，也不能因为经验对象与现象间因果关系之客观实在性就说那些作为范畴的纯粹的形式概念也同时都视之为客观实在的，这也是可以拆开的。这都需要我们对每一概念、每一词语都有最恰当的了解，恰如其性而了解之，如错了就成大混乱。

康德的思想尽管时间、空间、十二范畴是主观的，但他是经验的实在论。而那些无归宗无收摄的实在论，就以英美的经验实在论来说，他们总不肯承认时间、空间与十二范畴是使现象可能、使经验知识可能之条件，而且是主观的。既然不肯承认这些，那么他们究竟凭什么条件来说经验对象的客观实在性呢？他们又说不出来。

如怀特海、罗素这些大哲学家都还是以时间、空间为客观的（objective），是由经验中抽象出来的。但经验就是经验知识，当我们一说经验知识，这些条件早已有了，故认为时间、空间是由外面的经验抽象出来的，这不是颠倒、倒果为因吗？

他们就是不承认康德的这种说法，如罗素，他认为知识都是由经验出发，如有客观性就需要有些条件，可是依他的说法，这些条件既不能证明也不能否认，他称之为设准（postulates）。他所意指的设准大体都是康德所说的范畴，故我说他是让步了，其实就是投降。但他不像康德排得那么整齐而有系统，他只是随便地举了五个，但都属于康德的范畴与时间、空间。而我们若问罗素，你把这些成立客观知识的条件放在哪里呢？他就没有地方放，他说这些是假定、设准，就摆在那里算了。这些假定是归到哪里呢？是归到对象呢，或归到知性呢？在这里他就存而不决，在此他不表示态度。因为他不喜欢往知性那里收摄。康德是把范畴归到知性，由知性而发；时间与空间是感性之形式，由心灵之主观构造而立。但英国人就不喜欢这一套，此不喜欢是情感的，是没有什么道理的，反正我就是不喜欢。但进一步追问这些设准是不是一定属于客观之对象的，以罗素之聪明，他知道这是不能证明的。故他的逻辑原子论，还是由逻辑分析的立场而言，并不在客观世界处去肯定世界最后的单位是原子，他不能肯定这种说法，这就是罗素的聪明处，也是英国人的聪明，逻辑原子论是高度工巧化的思想。

但是要讲到这些设准之收摄处、落实处，他就不愿如康德那样归到知性，他不喜欢这样，其实他不能违背。他不放在这里也不放在那里。他连原子都不能客观地肯断，他哪能客观地肯断那些设准呢？他只说我们在知识上需要这些东西，因为既无人能证明之，也无人能否证之。这说得好像很谦虚，其实是英国人不彻底的态度，英国人有极度工巧的微妙处，也有那不彻底的态度。德国人则彻底追根究底非得解决不可。英国人的心态（mentality）很有趣，他们能把工巧与不彻底这两面运用得恰好。该工巧的时候斤斤较量，精密得很，是典型的商人民族，头脑精密得很，慢工取巧匠，慢吞吞地不慌不忙。在他所能处理的范围内，他做得很像样子，但在他所不彻底的范围内，就不了了之。他在经验这个范围内也应付得很好，在这个地方，因为靠经验，所以没有绝对，在经验中哪有绝对的呢？故英国人能站得住是有他一套的，有道理的。

但是这一类无归宗无收摄的实在论，均脱离不了康德的经验实在论的范围。说康德的主观主义是就时间、空间与范畴这些形式条件而言，其实这些形式条件并不妨碍对象的实在性。经验主义与一般的实在论讲实在就不接触这些问题，要说实在一切都是实在：对象是客观的实在，故时间、空间也视为外在而与对象一起而为客观的实在；对象是物理现象（physical phenomena），当然是有客观实在性，故把本体、因果等那些作为范畴的纯粹概念也都视为外在而为客观的实在。在康德，对象与使对象可能的条件这两者是可以拆开、可以拉开的。把它们皆归到外在是轻率的，也是很方便而简单的，但其实是不通的。不要以为对象是客观实在的，时间、空间即客观地附着在杯子上，由对象把时间、空间抽出来，这样想就颠倒了，一般人都是这样想，对范畴也是如是观。

故一切实在论都脱离不了"经验的实在论"这个范围。而他们辩论的论点就是以主观主义来责难康德。其实主观是指时间、空间、十二范畴说，不指对象说。对象是现象，是实在的，但他们不知时间与空间及范畴虽发之于主体，然而亦只在经验范围内有实在性，如是，遂统统视为外在的，故他们这种实在论说穿了其实都可消融到康德的经验实在论，而以此范域之。

英美式的实在论既可如此被处理，至于德国式的实在论，如胡塞尔、哈特曼与海德格尔这些人的思想也是反康德的。胡塞尔的思想其实也不出经验实在论的范围，他施行他自己所谓的现象学的还原（phenomenological reduction），目的是为了成就整个的知识、整个的科学，使其成为准确的科学（exact science），它没有特殊的内容，但只作为一切特殊科学的公共基础，故现象学以胡塞尔自己来说是一种方法论，而此方法论处理应用的范围不能离开现象界，也没有离开康德的经验实在论的范围，因为他是说准确的知识，他的思想里没有 noumena 与 phenomena 的分别。noumena 这方面他是没有的，这就是说他没有价值世界，不讲价值世界而只讲知识世界。不管其精确性如何，严格精确的是数学，不十分精确的是物理科学，故还是在知识世界的范围内，也即康德所谓的现象界的范围内，故他还是脱离不了经验实在论的范围。尽管他不似康德把时间、空间视为主观的形式条件，也不视十二范畴是决定现象的纯粹形式概念，尽管他说话的度向（dimension）不由此说，因而也是无归宗无收摄的说法，然而他还是脱离不了经验实在论，哪能反对康德呢？

他自己以为可以从经验实在论解脱出来，可以不受这个笼罩，他以为他另开一套，而他这一套是让对象自己说话，让它自己把自己呈现到我的眼前来，以现象学的还原法把眼前这些经验材料（empirical data）一个一个抽掉，使它的本质（essence）呈现，因为经验材料是由感性而来，这样就不能成就正确的知识。故他通过意指的分析（intentional analysis），把本质呈现出来，提到本质就是概念（concept），概念是普遍性的（universal），故以此方法让对象自己呈现出来，经过这样的程序呈现出来的就是客观的，那么客观的就不会受康德主观主义的笼罩，而可以从他的主观主义解脱出来，即是说康德所讲的那些形式条件可以是不必要而没用的，康德所讲的时间、空间是直觉的形式条件，这也是没有用的。但所谓没用只是表示他没有想到或意识到，没有意识到并不就是没有用的。

把对象的经验成分拿掉，而把其本质、普遍性的成分呈现出来，这不表示你能脱离时间、空间与十二范畴这些形式条件的笼罩。由时间、空间与十二范畴的形式条件来决定杯子这对象，决定后杯子就是一个个别的对象（individual object），还是杯子。杯子还有构成杯子的种种特性，而若把这些特性一步一步通过现象学的还原，而把杯子本身的本质呈现出来，这一套是可以做的，但这是康德所不必做的。因为康德所要做的正是杯子如何能成为一个有如此这般特性的客观杯子。这是说在那些形式条件的决定下杯子才能成为客观的对象，成为客观的对象才有如此这般的特性（property，constitution），对于这些特性做分析或逻辑分析当然可以做，康德并不反对，可是这不是问题的所在，说话不从这里说，因为这是后来的文章。这样胡氏如何能脱离经验实在论？如何能脱离时间、空间与十二范畴的形式条件的笼罩？又如何能脱离超越的统觉之综合的统一？（胡塞尔的纯粹意识之智思与所思之结构实不能脱离超越的统觉之范围。）胡氏说他自己能脱离，那只是他自己没有想到，没有接触到，其实康德还在那里控制着他。故胡塞尔的思想也没有什么真正可以离开康德处。他以为可以建立一个准确的科学，以为一切科学的公共基础，这是空话。胡氏未曾说明逻辑与数学，而道德、宗教等价值问题都没有接触到。然则所谓"为一切科学的公共基础"这句话究竟有多少意义呢？内容太简单而表现得却好像很复杂，曲曲折折煞有介事，但其哲学性的论辩其实太简单，就如刚才所说的可以成为问题的，是可以辩说的，但胡氏没有接触到。如是，胡氏实脱离不了康德的笼罩，只是不自觉而已。

这些思想都是二次大战以后很流行的，这些思想都是世纪末衰世的"纤巧"哲学。现代人是纤巧，纤巧很不好。工巧还好，工巧还是中性一点，纤巧就不见得好。如胡塞尔、海德格尔、维特根斯坦都是纤巧，这些人的哲学看起来有很多的妙处，其实一无所有，他们的哲学在论辩的过程中有吸引力，有迷人的地方，但终究是不通透的，故这些思想都是无归宿无收摄的。

第五讲

康德的"经验意义的二元论"与罗素的"中立一元论"：超越意义的二元论不能成立

上讲提过经验意义的二元论（dualism in empirical sense）可以讲；超越意义的二元论（dualism in transcendental sense），如笛卡尔所主张者，则不能讲；又说到康德的经验的实在论，顺此言英美式的实在论的思想。尽管有种种说法，但不管什么说法都不能逃出康德的"经验实在论"的范围。凡此皆是历史上的故事，总之，一方面重新使我们了解英美的思想，一方面使我们重新仔细了解康德本人的思想。

我们现在再顺"经验意义的二元论"来看罗素的"中立一元论"。罗素在现象范围内不主张二元论的思想。康德的二元论是经验意义的，而非超越意义的，超越意义的二元论康德本人也不主张。而罗素并没有超越层上二元论的意义，因为罗素只有一层无二层。

罗素在康德所谓的经验意义的二元论之范围内，他不喜欢二元论之名词，而以一元论名之，在此范围内他是主张一元论的。他想取消传统传下来的心（mind）与物（matter）的问题，取消后他遂把他的思想名曰"中立一元论"（neutral monism）。

对经验意义的二元论而言，罗素为中立的一元论，也即是说，对心物问题而言，他不主张二元论而主中立一元论。但就整个世界以观，即是说，就罗素型的形而上学而言，他又是多元论，而此多元论是以逻辑的原子论来规定的。这在前面已经说明过。

罗素的中立一元论，由十九世纪末至廿世纪以来，为英美思想之主流，似是一流行的风尚。他不喜欢传统上传下来的笛卡尔的mind 与 body 之超越意义的二元论。对于这个问题，康德说得很稳当，在经验范围内不能抹杀心与物之差别，故他言经验意义的二元论。至若离开经验而超绝地讲时，心与物是否能分得那么清楚则不能断定，故超越意义的二元论是不能讲的。但在经验范围内之二元论是表示心物底差别是经验上的事实，经验世界日常生活上的事实，而不能抹杀，不能混搅的。

可是罗素对此问题所采取的态度，就无这样稳当，他不喜欢传统传下的超越意义的二元论，那是可以的，但在经验意义范围内、现实生活的范围内，他想建立中立一元论，这样就搅乱而混漫。他所说的中立是什么意思呢？因为心既不能当做一个超越的本体看，则亦无所谓物，物也不能当做一个超越的本体看。他只是以事件（event）一词来代表。这是近代廿世纪尤其英美思想家所喜欢用的字。不管发生在外部的，如呈现在我眼前的桌子，就是一堆特殊的事件（a group of events），或发生于我们内部的，如种种心态，也是些事件。他就这样先提出一个中立性的名词——事件（event）。但为什么我们现实经验上有心与物之分别呢？这是后来我们解析的结果。若服从因果法则就是物理事件（physical events），由物理事件构造成物这个概念，故物非超越的本体，是由一些服从因果法则（law of causality）的事件所构成的，这是由事件来说明物这个概念。同样地，也无所谓心这一超越的本体，心是由服从记忆（念旧）法则（law of mnemonic）的事件所构造成的，此之谓中立一元论。

罗素在他的《心之分析》（*Analysis of Mind*）与《物之分析》（*Analysis of Matter*）中，分析的结果都成特殊的事件。把 mind 打掉，也就是把主体打掉，故无所谓唯心论，也无所谓主体性。把物打掉，也无所谓唯物论。把这两者都化为事件，因此也无主客的对立。依维特根斯坦，无所谓主体、客体，与由之而推出的心与物之分，一切都被视为各个原子性的事实（atomic facts），故为泛事件论。因此在逻辑命题的世界中，只有事件与事件间之并列关系（co-ordination），而无主体与客体间之隶属关系（sub-ordination）。

并列与隶属是相反的。若只是事件之并列，就无主客间的对立；若有主客间的对立，就可以有隶属关系。而以往传统的超越二元论之由来，以维特根斯坦的说法，是源于我们的偏执。站在纯逻辑的观点上，不管是 physical events 或 mental events 都可以把其化为逻辑命题而把其表达出来，故站在纯逻辑的观点，一切皆可视为命题世界，这样就成泛事实论、纯客观主义，也可谓大客观主义。即是说，这是以凌空的、泠泠然的逻辑观点来看世界，不管是外部的物理世界或内部的心理世界。这种凌空、泠泠然的横观的态度是很能吸引人的，以为这是很洒脱而自在的。但这种态度实只是通过逻辑分析取消了问题，并不能解决问题。

他们不喜欢以前的二元论的看法，而提出中立一元论的思想。服从因果法则的事件就是物，服从记忆法则的就是心。这种思考方式与以前传统的思考方式截然不同。以前的思考方式是就眼前呈现的事实往后推寻，而追寻其背后的根据，称为存有论的推断（ontological inference），此种存有论的推断只是推断某某而不能直接证明某某，这是以往的思考方式。但是这个方式都是由结果推原因，而在纯逻辑上这种倒推的方法是不能成立的，因为一个结果是可以有许多不同的原因造成的。罗素的思想就是不喜欢这种思考方式，他认为只由眼前呈现的事件（events），依其所服从的某种原则，我们就可以构造某某，故罗素就提出"以构代推"之原则。以构造的方式来代替传统之存有论的推断之思考方式，这是近代化的思想，是近代人的巧妙。

同样地，胡塞尔也反对传统的那种推断的思考方式，故主张以现象学的还原法，就意指分析而让客观的事实本身自己呈现出来，这也是现代人思考上的工巧，反对以前人的往后推。此种思考方式其实都非开始于罗素或胡塞尔，而是开始于康德。康德在经验知识的范围内，就是采取就眼前呈现给感性主体的表象来构造，只是其构造方法与罗素的不一样，也不走胡塞尔的意指分析之路。康德说物也不是超越的本体，而是一大堆表象，而且是可以直接证明的。依康德，物就是在空间形式条件下呈现的一大堆表象，而心则是在时间的形式条件下呈现的一大堆表象。这样就可以看出罗素中立一元论的思想是来自康德。罗素说事件，康德说表象，内部外部都一样，在罗素说是事件，在康德说是表象（representation）。故我们若不为表面的词语所蒙蔽，就可以看出罗素的这些思想其实就是来自康德。康德说表象，但承认经验意义的二元论，罗素耍花样，不管经验意义的或超越意义的二元论，他皆反对，他主张中立的一元论。

如上所述，依康德，不管外感（outer sense）或内感（inner sense），所给的都是表象（representations），而罗素则谓之事件（events）。如是，则两者之间究竟是有何根本的差异？而罗素把服从因果法则的事件归为物，服从记忆法则的归为心，这样，则罗素之中立一元论与康德之经验意义的二元论，岂不是一样吗？若罗素以事件说其一元论，则康德以表象也同样可说一元论，其间的差别只是罗素不喜欢二元论，而把其重点放在一元论。而就康德言，在经验层次上，如只因同是表象而说一元论，这是无意义的，故他在经验层次上主张二元论，但他也承认二元论在超越层上是不能成立的。罗素则在经验层上也一样不主张二元论而主张一元论，故他很明显地偏爱一元论，这是罗素思考中情绪上的主张与偏爱，而经验层上的中立一元论，把一切都说成事件，其实是混漫，而康德在经验层主张二元论是康德的思考较为严格而稳当。不能分的就不能分，该分的就应分，不能混在一起而成混漫。罗素天天宣传逻辑分析，科学知识是属于逻辑分析范围的，故他可以讲得很合乎逻辑与科学，但在科学知识以外，他就说得不逻辑，不科学。这一种现象也随着罗素思想的传入中国而感染了中国人。那些宣传逻辑的人，他们对其他事情的主张也是一样最不合逻辑，而宣传科学的人，其态度也最不科学。本来逻辑与科学是属于学术研究的，而不能成为宣传崇拜的对象，一落入宣传崇拜那就是情绪的。

中国人喜欢一元论，其实这不是情绪的喜欢或偏爱的问题，而是有其实践上的必然性的。在实践的境界上，达到物我双忘，主客并遣，在此并无所谓主观客观，主观消失了，客观也消失了，中国儒、释、道三家对此均有体会。物我双忘、主客并遣时，二元论就不能成立，这个境界也就是康德所谓的超越意义的二元论不能讲的缘故。康德这样讲是根据他的思考，只能这样想，但不能十分清楚了如指掌，这是依他严格的思考路向所达到的结论，一定是这样而不能随便乱讲的。

但依中国的传统思想而言，达到物我双忘主客并遣，是经过修行实践而达到的圣境，不管这个实践的圣境是儒家式、道家式或佛家式的。如无达到这个境界就不能成圣成佛。故成圣成佛非得经由经验知识界、现象界往上翻而一定达到超越层，即康德所谓的noumena，故中国人所言之物我双忘、主客并遣，依西方哲学言，严格讲是属于noumena，故超越意义的二元论不能讲。在此能不能说一元论？中国人在这个地方就说得非常透彻而清楚，因中国人可经由修行实践而真正做到，而康德则由其思考而推测到。中国的思想家因为有儒、释、道的传统，几千年来工夫与用心都用在这个领域，所以就能非常清楚而透彻，其实在此二元论不能讲，一元论也不能讲，好多微妙的玄谈都在这个层次，这个范围内。

但现代的中国人因其有这个背景，有其老祖宗传下来的习惯，故喜言"万物与我并生","上下与天地同流"这一类话。故一看罗素的一元论，以为是不错，合乎我们的传统思想，这是大混乱。其实中国人喜欢一元论的背景与罗素不同，罗素是在经验实在论的范围内讲的，但在经验实在论之范围内讲一元论就是混漫。其实罗素的以构代推、中立一元论的思想都启发自康德，而中立一元论是由于他不明白问题的本质，加上自己的偏爱，有一个滑转而分际不清楚，终于造成混漫。罗素的思想就是没有归宿，没有收煞。他只是这样说明，但康德是要解答一个问题，故有一定的归宿与收煞，罗素只笼统地说以构代推，依因果法则构成物，以记忆法则构成心，其实因果法则可应用到物，也可应用到心，只要属于现象都可应用因果法则，他那种分别实不必要。而重要的问题所在是因果法则如何来的呢，罗素就不管这个问题，这就是罗素的不彻底处。心与物都是构造，但不是泛泛地根据因果律就构成物，根据记忆法则就构成心，不能这样泛泛地讲就可了事。依康德，外部感觉与内部感觉在时间、空间条件下所呈现的表象，通过范畴之决定，就是物与心。

物是一大堆表象，外部直觉在空间这个形式条件下把它们呈现给我们。故罗素要想使这些事件具体地呈现在眼前，一定要在空间之形式条件下，这样才有交代，因空间是一种先验的形式（a priori form），为心之主观建构（Subjective constitution of mind）。只在空间之形式条件之下呈现还不够，要能成为物，进一步还须范畴之决定才能使表象形成那作为客观性的知识对象的物。罗素说因果律构成物理事件（physical event），而因果律由何处来他就没有解答，而康德则认因果法则乃由因果范畴而来，此因果范畴为十二范畴中最重要的一个范畴。那些内部、外部表象在范畴之决定下，就是现象意义的心与物。康德说决定而不说构造，其实两者差不多。决定是范畴应用下之决定，因现象只是在时间、空间之形式条件下呈现还不够，还不能成为一客观的对象、知识的对象。

表象一定要在范畴之决定下才能成为真正知识的对象，才是真正客观的。就心或自我（mind，ego，self）言也是如此。在时间之形式条件下所呈现的内部现象，还不能真正代表自我之知识，还要在范畴之决定下，才能对"我"有知识，而此时所知的"我"是现象意义的我。物质也只是现象，内部外部都只是现象。现象意义之物质是知识的对象，现象意义的自我，也是知识的对象。超过时间、空间之形式条件与范畴之决定以外，就没有知识，知识达不到，那依康德就属于 noumena、物自身。这些是知识所达不到的。

在我们知识所能达到的范围内，就"以构代推"而言，康德一方面与罗素相同，一方面又有不同。不同处就在其有先验的条件，而不是笼统地说构造。而先验条件就是罗素所不喜欢的，故他就成为不彻底、无归宿与无收煞。他以为一讲先验条件就是主观。罗素以为把时间、空间看成是先验条件，把因果、常体等视为范畴，这就成为主观的。但他认为时间、空间是客观的，是由现象抽出来的，十二范畴所说的本体、因果、量等等也都是客观的，在此他就是实在论，可是就这些讲，实在论早已被休谟打倒了。他早已告诉我们，由经验上得不到因果律，也不能证明，故休谟解释因果律是由于我们的习惯与联想，故无必然性。

康德就是继承这个思想，因果律不能由经验上得到的，但我们的知识没有这些条件便不可能，故康德视这些为先验的（a priori），而归宿于我们的知性（understanding）本身，这些都是形式的。时间、空间是形式条件，范畴所代表的纯粹概念是形式性、法则性的概念。此概念与对象如杯子的概念不同，此后者乃服从经验，因杯子是客观的对象，是由感性给予的，我们的感性直觉不能创造杯子。但是那些法则性的概念与经验的概念不一样，这个地方讲主观并不妨碍讲实在论。一讲实在论并不是说一切都归于外在的实在，都归于客观的对象。

如上所述，尽管一元论的名词与康德的经验意义的二元论不同，但本质上，一个说同是表象，一个说同是事件，这已差不多了。但讲到时间、空间就与康德不一样了。其"以构代推"与康德相同，但讲到心与物之构造之根，就与康德不同，但以此不同就说康德是主观主义，这个判断是错误的；反对主观主义而把时间、空间与范畴都推到外在去，而归于实在论的，这也是错误的，这样，一定又落到休谟的结论。后来罗素也知道这些条件经验上不能证明，所以他承认时间、空间与一些范畴，共五个为设准（postulates），而不称为范畴。设准是说我们为了成立经验知识，非得靠这些假设不可。这些假设在经验上我们得不到证明，可是也不能否证，但我们是需要它，故称为设准。这样就较轻松，说好一点是谦虚。但康德说这些时间、空间与范畴都是先验的形式条件，在这里就有差别了。

罗素承认是设准，但进一步追问这些设准是从何处来。上帝、对象本身都不能提供这些，设准是逻辑思考本身所需要的，而逻辑思考发自知性，故设准从何处发，最后落到何处？假定真正要解答此两个问题，康德的论辩是一定的，你不能逃避。你的逃避是不接触到或不愿意接触到这个问题。根本不愿意接触到是一种情感，而非科学思考中的严格态度。这些设准既然是我们成功经验知识的逻辑程序（logical procedure）所必需的，而逻辑思考是发自于知性，因知性之唯一作用就是思考，故康德说范畴发自于知性，这样罗素的那些设准岂不也发自知性，而与康德的范畴一样吗？但假如你要问为何要如康德那样说得那么重呢？为何非如此说不可呢？

假如罗素说，我就是不愿意这么说，尽管你的说法我无法反对，因为我一向就不如此说，那此不愿意是情感的，没有什么道理，故在这个地方我看不出有什么冲突。罗素的思想在知识的范围之内，在现象的范围之内，都是来自康德。既然来自康德，所以都可收到他的经验的实在论里考虑。

最后一步，逻辑实证论的论点也大都来自康德，故我可以说在某意义上康德是一个最大的逻辑实证论者，故他们其实不用反对康德，因为他们的论点康德早已说好了，那么为什么反对他呢？其实不是反对他，而是康德哲学中的后一半，逻辑实证论者不讲，即在科学知识范围内他们取用康德的某些论点，在科学知识范围之外他们就不讲了。如无意义（meaningless）、情感的语言（emotional language）与概念的诗歌（conceptual poem）等，这些就是放弃了康德哲学的后一半，故逻辑实证论在科学知识范围之外，就只有这几句话。他们评定一句话有无意义，就只是以认知为标准，有意义就是认知上有意义或知识上有意义。把意义限定在知识上，而没有意义是没有认知的意义。但问题是在：意义是不是只可限定于认知的意义？没有认知的意义是不是就是没有意义？这样那些形而上学是没有认知的意义，但这样是否就是完全没有意义，而没有意义那些话是不是就是概念的诗歌、情感的语言，在这里逻辑实证论就说得太简单。在知识范围以内康德与逻辑实在论是一样的（尽管有许多不同，如关于感性、知性、时空、范畴、先验综合就不同），可是在知识范围以外，他就与他们不同，这些没有认知意义的，康德也承认，但他不说没有意义，他也不以为是概念的诗歌。

所以逻辑实证论者对这一方面不接触可以，知之为知之，不知为不知，这才是严格的科学态度，合逻辑的态度。但这些宣传科学、逻辑的人，常常不科学，不逻辑，在这个地方就闹情绪。但康德对这方面就不像他们闹情绪。他能冷静地正视之。知识就是知识，道德就是道德，各有不同的意义与领域，不能以情绪的语言、概念的诗歌而把其抹杀。就是诗词方面的纯文学，也不是由情绪就能产生诗词。知识科学在生活中固重要，但道德、宗教、文学也一样重要。我们的生活是整个的，不只是科学一方面而已。

说到此即能明白康德的经验实在论如何能收摄英美式的实在论的思想，这些英美的各种实在论大体都不能逃出康德的经验实在论的范围。

胡塞尔之现象学（phenomenology）也是一样，他的纯粹意识（pure consciousness）不能超过康德所说的超越的统觉（Transcendental apperception）。胡塞尔之纯粹意识底智思与智思之所对（Noetic-noema of pure consciousness），其实就是超越的统觉之转形，转形而以现象学之方式讲，康德是以认识论的方式讲，以认识论的方式讲，则其体性与作用一起明朗，但胡塞尔的"noetic-noema"之结构，则不能使人明白有何作用。如认为由他的纯粹意识之"noetic-noema"之结构，便可让对象自身呈现，不受范畴之操纵把持，这样便可使对象解放，不落于康德之主观主义，而范畴那些东西也可以不要，如认为是如此云云，这便完全不对题，而且更坏——更使你那个纯粹意识成为无规定的，你讲这个纯粹意识在讲什么呢？有什么作用呢？如果你说在成准确的知识，什么知识呢？你说一切科学底公共基础之知识。那么包括不包括康德所谓智思物（Noumena）之知识，所谓超绝形上学（Transcendent metaphysics）之知识？依现象学原初之规定，当然不包括。那么它仍然只限在知识范围之内。既然如此，那么你那个纯粹意识之"noetic-noema"之结构能脱离超越的统觉之范围吗？你真能使对象解放，不受范畴底约束吗？你以为不提范畴就可以避免吗？一个东西之有无诉诸事实，诉诸所划定的范围中之事实，不在你觉到不觉到或讲不讲。如是你那一套真能脱离康德的"经验实在论"的范围吗？说穿了，仍然是不能的，只是令人迷糊的纤巧而已。

胡塞尔所言之"noetic-noema"，乃至康德之 Transcendental apperception, Transcendental ego，都是属于知识层，此知识层的既与道德宗教层的不同，也与艺术层不同，这些分际不能混乱。故了解知识要当知识来了解，了解艺术要当艺术来了解，了解道德宗教要当道德宗教来了解，各有其意义。

以上所说就是"莱布尼茨－罗素"系统在哲学方面的牵连之被收摄于康德的经验实在论，进而兼及胡塞尔之现象学亦不能外此。

至于莱布尼茨向上提的一面，则通过康德的批判的处理（critical treatment），被转到智思界（noumena）之领域。若扩大而言，西方哲学由希腊开始，柏拉图至圣托马斯这一个古典的大传统，康德也把它保留，把柏拉图的 Idea 也收摄到 noumena。柏拉图讲 Idea 范围很广泛，知识对象、道德、宗教都收在 Idea 范围内。至亚里士多德就把他的 Idea 讲成 essence，concept，这样道德、宗教的理想那方面都丧失了。故由柏拉图经亚里士多德至圣托马斯这一个大传统，经康德的批判的处理把其转成 noumena 与 phenomena，把柏拉图的 Idea 只限于实践理性超越层的 noumena，而知识范围则归属于知解理性之经验层的 phenomena，故康德以前的哲学向康德处集中，而康德以后的哲学则由康德开出。对以往的，主要是康德扭转了柏拉图传统，康德把柏拉图哲学全部归于 noumena，而把 Idea 只限于道德的理想与圆满。知识方面不能放在 Idea，则归于 concept。而扭转主要是通过实践理性、道德意志的自律，来扭转柏拉图传统的他律。因他律不能说明道德。由柏拉图起这个传统说道德都是他律道德。讲自律道德，由康德才开始。这一扭转是经过批判的处理，把这个大传统继承下来，并开出以后的哲学。

经验实在论的范围是 phenomena，在 phenomena 以外，康德开出了 noumena，这个领域是由实践理性而开出的，故在此意义上我们要正视实践理性，不能把其视为概念的诗歌或无意义就了事。而康德正视这方面并不妨碍科学，并不侵犯或歪曲了科学的领域。

开出 phenomena 与 noumena 而分出两个世界乃古今中外的哲学所共同的。由柏拉图开始就分两个世界，即感触界（sensible world）

与智思界（intelligible world），分成这两个世界是西方的大传统，是古代传下来的。此分别由康德经过批判的处理继承下来而开出 phenomena 与 noumena。前者是指感触物（sensible entities），乃感性所呈现给我们的，后者是智思物（intelligible entities），是纯理性、纯理智所思的东西，没有感性直觉的支持。因我们所思者必有对象，但因纯理智而无直觉，故其对象无实在性。

东方的思想也一样，也把一切对象分成两个世界。只有英美的思想只承认 phenomena、sensible world，而 intelligible world 是他们所不喜欢讲的。英美哲学对这方面可以说没有贡献。在这一方面无贡献就可以说在哲学方面无正面的贡献，因其不能正式地接触哲学问题，而只在经验知识范围内打转，当然也不能说他们不是哲学，也不能说无作用，而是说他们没有接触到真正的哲学问题。

真正的哲学问题依"哲学"一词之古义（原意）是"爱智慧"，康德解为"实践的智慧学"。何谓"智慧"？能导向"最高善"者才算是智慧。对于最高善有向往之冲动即名曰"爱智慧"；而爱智慧必在理性概念之指导下才可，因此爱智慧即含爱学问，此即中国往圣前贤所谓"教"。何谓教？凡足启发人之理性，通过实践之途径以纯净化人之生命以达至最高之圣境者即谓之教。此显然是有关于"智思物"（noumena）者；若以学名名之，则是属于"超绝的形上学"者。

向往此领域是人类底自然倾向，是人类理性底自然本性。但光顺这自然本性说还不够，因为以往的表现，理性常依其思辨的使用而闹出种种自相冲突的问题。因此，我们对人类之纯粹理性必须有一种衡量，即对于超绝的形上学作为一学问看，有一种衡量——衡量其是否可能，如可能矣，又如何可能。康德在此费了很大的力气。他整理出一条道路来。这门学问原属于实践的智慧学。因此，它应不是思辨理性（理性之思辨使用）所能承当者。他费了极大的厘清工夫，指出我们必须从理性之思辨使用转到理性之实践使用始能证成这门学问。这一个指示是对的。但自从康德学底思路摆出来以后，很少有能相应地了解他的。英美人一直不能了解他，对于他的对于知识与道德之说明俱不必能赞同，而且如上所已提及，对于超绝形而上学根本无兴趣，因而不能有贡献；而德国方面康德以后的哲学承之前进者，亦不必能是相应地承之而前进。如费希特、谢林、黑格尔俱不真能相应地承之而发展。至于那些不承之而前进者，如胡塞尔、海德格尔等更无论矣。因此，康德的道路又陷于混乱。

我们不能任其混乱而须想办法使其上轨道。形而上学自古就是所谓思想家之战场，各有其自己的讲法，经康德才理出一条路来。但时经两百多年，他所开出的路又成了战场。故在此需要用心重新正视这条路，这里总有一个顺适调畅的解答。

只有当 phenomena 与 noumena 两个世界成立后，才能讲中西哲学之会通，然后进一步看其分际与限度，而不能笼统地漫言会通与比较。会通究竟是在哪个层次、哪个分际上，这是要确定地指出来的，并且亦要指出会通是会通到什么程度。

因为中国哲学既无康德式的知识论，也无罗素式的知识论，但我们不能说中国无知识这个观念。对经验知识中国一般称之为闻见之知，儒家就分闻见之知与德性之知，但究竟是无西方式的知识论。不管如何说法，闻见之知是在"经验实在论"的范围，但中国哲学始终未能把它详细地解析展示出来。故西方哲学所讲的知识这一方面，即属于 phenomena 方面的，中国的哲学显然是不够的。相对地，对于 noumena 方面，中国哲学传统的全部精神都集中在这方面，所以对之很通透，由此我们可以看康德讲 noumena 是如何讲法，讲到什么程度，而中国人如何讲德性之知，讲到什么程度。

道家讲玄览，讲齐物，讲"天地与我并生，万物与我为一"，这是超过知识层而属于超越层的领域。依道家，知识是属于成心，成心为是非之源。道家就是要把成心化掉而超越之，故知识方面也是消极的，积极的是道心方面，也即超越的 noumena 方面。

佛教更是如此，佛教一方面言识，识就是在知识范围之内，与识相反的是智。西方如康德所讲的知性、统觉，都是属于识，识是了别义，明了分别之活动，但识又是烦恼之源。与识相反的是智，智的活动是无分别，智所及的范围是 noumena，识的范围是 phenomena，所以也是两分。

故会通在哪个分际上会通？会通到什么程度？中西哲学经过会通都要各自重新调整。在 noumena 方面，中国哲学很清楚而通透，康德则不通透，那就以我们通透的智慧把它照察出来，使康德哲学能再往前进。要想进一步就要重新调整自己，否则就不能百尺竿头更进一步。

在知识方面，中国哲学传统虽言闻见之知，但究竟没有开出科学，也没有正式的知识论，故中国对此方面是消极的。消极的就要看西方能给我们多少贡献，使我们在这方面更充实，而积极地开出科学知识与对这方面的发展。这样中西哲学的会通，才能使两方更充实，更向前发展。

第六讲

经验的实在论开感触界，超越的观念论开智思界：中西哲学对此两界之或轻或重，或消极或积极

　　上讲讲西方哲学讲到康德的"经验实在论"与"超越的观念论"，继之有 phenomena 与 noumena 之分别，在这个层次上，就可以与中国的哲学相会通。中西哲学会通之分际就是在康德的对于现象界的知识采取经验实在论的态度，对于 noumena 方面的知识则采取超越观念论的态度，在此分际之下，中国哲学与西方哲学就可以有商量的余地。

　　但双方对此两界有比较消极与积极之不同。对于经验现象界的知识而言（现象界的知识就在"经验实在论"的范围内），中国的哲学传统采取的态度是比较消极的，因中国无科学传统，中国哲学对现象界的知识，没有积极的正视，没有形成一个正式的概念，没

有直接的说明，故在此方面是消极的，儒、释、道三家大体皆然。

但对 noumena 方面，中国的传统就与康德的态度大不相同，在这方面的态度就较积极。所谓中国方面较积极就是针对康德之"超越的观念论"的立场而言，因为康德以知识的立场而谓我们人类对于 noumena 无积极而正面的知识，故对 noumena 所想的那些理念，如上帝的存在、灵魂不灭、意志自由等，由知识的立场，由思辨知识（speculative knowledge）而言，康德认为不能有知识，不能以思辨理性（speculative reason）来决定上帝存在、灵魂不灭、意志自由等，因为这些理念是属于 noumena 的领域而非 phenomena 的领域。Noumena 之意义依康德之解释为智思物（intelligible entities），为纯粹理智所思考的东西。上帝的存在等是纯智所思的对象，我们对之无直觉，故无知识，因无直觉就无知识，故称为理念（idea）。理念者理性上的概念，由纯粹理性而发的；由纯知性（pure understanding）所发的纯粹概念（pure concepts）是范畴。由纯粹理性所发的概念，康德依柏拉图传统而称之为 idea，即理性底概念（理念），在柏拉图处则译为理型。理念是理性上的概念，凡是概念应有对象与之相合，但就理念而言，我们对其对象无直觉，故无法知其对象存在与否，由此立场而言，康德称此曰"超越的理念性或观念性"，因而又称曰"超越的观念论"，这些都是理性上所形成的东西，没有实在性，只是些空观念。上帝存在如此，灵魂不灭（immortality of soul）也是如此。由纯粹思辨理性或知解理性而言，我们对这些不能有知识，因这些非这种理性所能达到，故为消极的。甚至对于作为道德底基础的"意志自由"（freedom of will），也不能证明，因对之无直觉，故由思辨理性而言，对之无知识，故由此而言超越的观念论。但在 phenomena 方面，我们有明确而确定的知识，故西方哲学传统在此方面是积极的。

　　"消极的"是指由思辨理性（speculative reason）、知解理性（theoretical reason）而言。Theoretical 在康德与 practical 相对反，一般是译为理论的，但在中文，理论一词含义很广泛，如实践方面的也可以由理论来讲，故中文易引起误会。而康德言 theoretical 为知解的意思，原意就是站在客观的、旁观的立场来观解对象。以前禅宗马祖说神会和尚是知解宗徒，意指其有许多知识概念，还没有真正的实践功夫，故知解与实践相对，而且在禅宗马祖说知解一词对实践而言也不是好的意思。但就知识而言，正是要思辨理性、知解理性。我们成功科学知识、现象界的知识，亦要用思辨理性、知解理性。而知识也用逻辑、数学等手续，这些也皆出自思辨理性、知解理性。这种理性在现象界方面有效，可是在 noumena 方面因其离开经验界现象界，故无效。

　　那些理念由思辨理性、知解理性的立场而言是超越的观念论，但并不是一往都是超越观念论。康德另开一条路由实践理性讲，则上帝存在、灵魂不灭、意志自由等就有真实性，由实践理性可以使这些理念有实在性，但不是由思辨理性、知解理性而言。康德由实践理性可以证明上帝存在、上帝存在有意义，但此证明是实践理性上的证明，非思辨理性上的证明，其他灵魂不灭、意志自由皆是如此。我们对这些皆无直觉，无直觉的地方理性就是空的，故理念为空观念，并不能表示知识。

实践理性是就某些概念如最高善（因这是我们意志的必然要求）可以肯定上帝的存在，但此肯定并非知识的肯定，还是实践理性上的肯定。对思辨理性而言，此概念是无多大用处的，但在实践理性，在道德上，就有意义。

康德由于另开一路而证实此三理念，而使这三个理念有意义，虽然这样说也不是知识，因吾人对之无直觉故。我们在经验实在论的范围内对经验对象（现象世界）所以能是积极的、正面的，是因吾人对之有感性之直觉（sensible intuition）之故。因有由感性（sensibility）而发出的直觉，故经验对象、现象世界可以通过我们的感性而直接地被接触到。可是我们的感性直觉就不能应用到上帝、灵魂不灭、意志自由，这些皆非我们的感性所能接触到的。而我们人类依康德也无任何其他的直觉可以达到上帝之存在、灵魂之不灭以及意志之自由，所以我们对之就无知识，故这些都不能当一个知识概念来看。

但与感性直觉不同的另一种直觉称智的直觉（intellectual intuition），此种直觉是很难思议的，因为一说直觉就要通过我们的感性，但这种直觉又不是通过感性，这是一种纯理智的直觉，是一种纯智的活动。依康德，我们人类没有这一种直觉。这是一个很严重而很重要的问题。依西方的传统，基督教的传统下，人类是有限的存在，是上帝所创造的被造物，只有上帝才是无限的存在，其他一切都是有限的存在，而有限的就是有限，无限的就是无限，人类是绝对的有限存在，故不能有智的直觉，有限存在的直觉是发自感性的。故依康德，在基督教传统下，智的直觉只有上帝才有。智的直觉是无限心之作用，上帝是人格化了的无限存有，故其心是无限心（infinite mind）。但人类的心灵是有限的（finite mind），有限的心灵它的思考的方式一定要通过一些手续，如果没有概念就无法表达。智的直觉由无限心而发，无限心所发的直觉不是通过感性，故这种直觉也是无限的。如我们的感性，由耳、目、鼻、舌、身而发的感识当然是不能无限的。

依康德，在基督教的传统下，智的直觉只属于神智的无限心（divine mind），而人是决定的有限物。康德的这个思想是合乎西方传统的，故尽管在实践理性上可使上帝之存在、灵魂之不灭、意志之自由有意义，有真实性，但不是知识。知解理性想知之，但实不能知之；故此三个理念只是空观念，由知识上言无多大的意义，故后来的逻辑实证论者就说无意义。康德也认为在知解理性上是无意义，但在实践理性与道德上就不是无意义，在这个地方康德的态度就与逻辑实证论者不同。虽然后者的说法大体来自康德，他们所用的词语都是康德在思辨理性、知解理性之空观念上所说的，故我常说在某意义上康德是一个最大的逻辑实证论者；虽然是如此，然而康德在实践理性上所说的，在逻辑实证论者的主张中却没有了，他们把这一方面尽丢弃了。可是实践理性、道德方面的事，总不能以无意义就把它了决。这必须要弄明白，这不是愿讲不愿讲，喜欢讲不喜欢讲的问题。

这些理念在实践理性只能使其有意义，但没有直觉就不能使之呈现。上帝之存在、灵魂之不灭、意志之自由都不能直觉地呈现在我的眼前，故康德说是实践理性底三个设准（postulates），意即由实践理性言非有此三个假定不可，否则实践理性的全体大用不能完成。

因为康德主张我们人类没有智的直觉，所以在实践理性之接近 noumena 这方面，康德的态度仍然是消极的。这个消极是与东方的思想比较而说的，其实实践理性较思辨理性是进一步了，在思辨理性处完全是消极的，完全是空观念，超越的观念论，而转到实践理性就较积极一点，已经不是空观念。即使是这样，可是若与东方思想相比较，则在实践理性上，因人类没有智的直觉，故三个理念仍然只是设准，其对象不是可以朗然呈现的，有直觉才可使其朗现，无直觉则不能朗现。

由这消极的态度转看中国哲学，中国哲学从来就无上帝存在、灵魂不灭等问题。中国哲学虽然没有这些观念，但中国哲学所用心的，其层次都属于 noumena，所以可以相通。中国人不一定用这些概念，因上帝之存在、灵魂之不灭都是宗教上的观念，如灵魂（individual soul）的观念，中国儒释道三家均无。佛教言轮回、八识流转，这些与灵魂不灭完全不同。儒家讲三不朽也不是灵魂不灭。儒家不必要这个观念，道家也同样没有。至于意志自由则从本心性体上讲。

由此可以转看在 noumena 这方面，东方的思想是不是超越的观念论？假如由知识的立场暂时也可以承认是超越的观念论，因感性的直觉不能向之应用。但转到实践理性方面，是不是像康德那样的说法呢？归到实践理性上，东方的思想是否仍然认为意志自由是个设准？是否有康德所谓的智的直觉？智的直觉是否能应用得上？在基督教传统下当然认为人没有智的直觉，因人是决定的有限存在，

人心是有限的，而智的直觉是无限心，这种看法中国人是否一定会
接受？这个就要看中国的传统。

　　几千年来的中国传统，不管儒、释、道都是讲实践的，儒家讲
道德实践，道家讲修道的工夫，佛教讲解脱烦恼而要修行，所以都
是实践的，而接触 noumena 非由实践不可，由思辨理性只对知识所
及的范围有效，故康德转向实践理性是正确的，转到实践理性就须
接触到实践理性所呈现的本心、良知（儒家），道心（道家），如
来藏心、般若智心（佛教），这些都是心，依康德的词语，这些都
是由实践理性所呈现的道德心、道心、如来藏心、般若智心，那么
这些词语所表示的心是有限心抑是无限心？

　　陆象山说"吾心即是宇宙，宇宙即是吾心"，"心外无物"，
此心究竟是有限抑或无限？此心是根据孟子讲的，孟子言本心，"万
物皆备于我，反身而诚，乐莫大焉？"这个心是有限抑或无限？尽
心知性知天是由孟子开端的，而孟子讲心就是继承孔子讲仁，而孔
子之仁的全体大用（full function）是无限还是有限？仁不只是一个
德目，只是以德目看的仁，不是仁的本质的全体大用。故孟子讲心
是根据孔子讲仁，但还是不显，到陆象山就充分显出来，"万物森
然方寸之中，满心而发，充塞宇宙，无非斯理"，这个心是有限抑
或无限？而道家的道心是有限抑或无限？这是很容易了解的。依佛
教，识的毛病多得很，是虚妄分别，烦恼之源，故非转化不可，转
识而成智，此智为般若智，此是有限抑或无限？这是很显明的。故
依中国的传统讲，应当承认实践理性所呈现的心。这种通过实践理
性的心，如陆象山所说的心，王阳明所说的良知，而良知依王阳明

是"无声无臭独知时，此是乾坤万有基"，"心外无物"，此道德实践的本心或良知是无限的。而道家的道心，依庄子之《齐物论》《逍遥游》所讲的道心当然也是无限的。假若我们说没有无限心，这表示说转识成智不可能，成佛不可能，这绝非佛教所能承认。因为现实上就有佛，三世诸佛，过去、现在、未来都有佛，人人皆可为尧舜，人人皆可有佛性，皆可成佛。道德实践底目标是成圣，道德实践底可能性之超越根据是良知本心，因有此超越的根据，故成圣才可能。依儒家，只当道德实践有必然性时，成圣才一定有必然性。佛家修行成佛亦然，道家成真人亦然。故三家所说的心都是无限心。心是无限心时，则中国儒、释、道三教当然都承认有康德所说的智的直觉。中国哲学中自无这个名词。尽管没有这个名词，然而并非无与这名词同等的理境。设若康德向陆王或智者大师问："人有没有智的直觉？"他们一定断然地答复："有。"

否则转识成智就不可能。但"转识成智"以西方人看来是不可思议的，"识"怎么能转呢？在佛教一提到识就与智相对反，所以是坏的意思。而一般使用识的意思是了别，明了分别。在经验实在论范围内的科学知识，都是识的活动，但我们讲科学的时候是不加颜色的，不说识心是烦恼之源等。但在佛教看来，知识都是属于识心底范围，康德的感性、知性、思辨理性都是识而不是智，康德也认为人类心灵的活动不是智的直觉。智的直觉依佛教应是智，也即王阳明所谓的由良知而发的明觉，而道心发的玄智也是智的直觉。

识本来就是生而具有的，而我们生而为人，我们就有这么一个感性（sensibility），这是既成的事实不能不承认，就有这样的逻辑思考的理性（logical reason），就有这样的知性（understanding），这个怎么能转呢？而佛教说是能转，转识成智，转成般若智，西方人听起来简直不可思议，西方世界没有这个观念。"转识成智"在东方人成为口头禅，但不知此话代表的意义多重大。东方人是家常便饭，天天在讲，西方人则闻所未闻，认为是妄想，这不是很重要的问题吗？在西方人看来，转识成智不可能，不能转，是一定的，因人类就只有这种感性、知性与思辨理性，再没有其他认知能力（cognitive faculty），从现实既成的人是找不出"智的直觉"的。他们认为有限归有限，无限归无限。

佛教说众生，但却不承认定性众生，此是很奇特而开阔的思想。所谓定性众生，意即一切众生一成永定，这样一切众生皆可成佛就不可能了，故定性众生佛教、儒家皆不承认。现实上的人不是圣人，圣人是经由实践才达到的，而孟子言人皆可以为尧舜，则一定有人人皆可以成尧舜的必然的可能根据，而不是凭空讲的。从现实上看，人都不是圣人，坏得很，有时比动物还坏，故荀子感慨现实的人"甚不美，甚不美"。人往下堕落比禽兽还坏，但往上可以通神圣，故在此成一个最重要的问题。中国人的传统承认人有智的直觉，人之所以能发出智的直觉是通过道德的实践、修行的解脱，而使本有的无限心呈现。中国人承认有无限心，但不把无限心人格化而为上帝。每一个人的生命都有无限心，而通过道德的实践以及佛教道家的修行而使它呈现。这个思路很自然，但西方的传统就以为很别扭，不容易往这个方向想。

因此东方的思想在 noumena 方面是积极的，转到实践理性讲也不只是一些理念，实践理性也不只使这些理念有意义。因为转到实践理性上就能呈现无限心，无限心既能呈现，就不是超越的观念论，故这样才是积极的。

故西方哲学由古代至现在由思辨理性讲，在知识方面可以归于经验的实在论，在超知识方面则归于超越的观念论，因此有phenomena 与 noumena 之分别。这种分别东方思想也可以承认，可以证成（justify），在此问题上中西哲学可以会通。但在 phenomena 方面，中国是消极的，因对知识未形成清楚的概念。但在 noumena 方面，中国是积极而通透的。故于西方思想，吾人若想消化康德，不使其只停在基督教的传统之下表现，则可看中国的思想，因在这方面中国的思想透辟而圆熟。康德则尚不成熟不通透，但在西方传统下，他所讲的已经是最好的了，最妥当的，不易看出他的毛病。

中国的传统对 noumena 持积极的态度，因其几千年来的智慧工夫都用在此，故当然有成就。但假使智的直觉不可能，康德就可指责中国人所讲的都是妄想。故在这个地方，我们就要彻底仔细用功，问问自己：是不是妄想呢？

但到清末民初，中国人却发现我们自己没有像样的数学、逻辑与科学，这是最现实的了，这一落后使我们彻底否定自己。当然我们也承认现实上有些问题不能解决而呈现许多毛病，但毛病是某方面的，并不能牵连到以往传统所用心的也都是毛病，我们只能补充、充实它，而不能否定它。现在由民国以来就是因为科学知识方面我们开不出来，终于瞧不起自己，来一个彻底的否定。这种态度是很不健康的。

第七讲

一心开二门：中国哲学对于智思界是积极的，对于感触界是消极的（就成立知识言）；西方哲学则反是

佛教《大乘起信论》言一心开二门，其实中西哲学都是一心开二门，此为共同的哲学架构（philosophical frame）。依佛教本身的讲法，所谓二门，一是真如门，一是生灭门。真如门就相当于康德所说的智思界（noumena），生灭门就相当于其所说的感触界（phenomena）。中西哲学虽都开二门，但二门孰轻孰重，是否充分开出来，就有所不同。若对一门较着重，意识得很清楚，了解得很通透，而能把它充分展示出来，则为积极的。相对地，若对一门比较不着力，用心不很深，了解得不通透，而未能充分把它展示出来的，则是消极的。

对于 phenomena 方面，中国传统的态度是消极的，而对于

noumena 方面是积极的。而西方在 noumena 方面了解得不通透，意识不十分清楚，故为消极的，但在 phenomena 之知识（经验科学）方面则为积极的。

中国对于生灭门的现象，就经验知识方面言，意识不够，故较消极。如佛教对生灭门也非常充分，就某方面而言也很足够，故对生灭门这方面意识得很清楚而且能正视。但东方无科学传统，科学知识没有充分开出来，所以一般古圣先贤在这方面不十分用心，其用心都在 noumena 方面。佛教对生灭门也很积极，但它不是对知识讲，因为一说生灭，其范围也很广泛。知识方面也属生灭门，因经验对象变化无常，也是有生有灭，凡在因果关系下的自然现象都是有生有灭的。但是佛教所谓的生灭，不限于就经验对象讲经验知识，而且重点也不在经验知识，而是在生死，直接着重在此，故佛教要了生了死，解脱生死问题，生死就是生灭。就人生讲，生灭是生死，对知识对象虽不能言生死，也可言生灭变化，一个对象时时刻刻在变，故其言生灭是很广泛的。但若不把生灭只限于知识对象言，而把全部人生都包括在内，则我们就可以广义地说人在生死中转，依佛教而言，就是在生死海中头出头没，生死就是一个大海，陷落于此而不能解脱，这就是人生的痛苦与可悲，故佛教言生灭不在言知识对象，不在说明经验知识，而在说明人生的烦恼、人生的痛苦。人生是整个看的（human life as a whole），人生中也有知识，不过只是整个人生中的一部分，此与现代人不同。现代人是以知识笼罩全体，而且对于知识自以为有清楚的概念，其实自己本身也无清楚的概念，只是迷信科学，诉诸权威信仰，因科学无人怀疑，事实上科学一般人是外行，并不清楚，但却相信科学有效可靠。

古人先对整个人生全体，对德行、对未达到德行时人生的痛苦与烦恼，有清楚的观念，因这是自己的事情，他能掌握得住而有清楚的观念。现代人正相反，对德行无清楚的观念。古人对人生整体、德行均有清楚的观念，对知识则无。为什么呢？因知识不是完全属于自己的事，知识对象是在我以外的，不是我自己能指挥能控制的，不是如孟子所云"求之在我"就能达到的，故观察与了解对象，其间要经过许多繁杂的手续、步骤与程序，古人在此方面当然较差，后来者居上。

现代人对知识有清楚的观念，此不算坏，坏在以知识代表全体。生灭门不只是限于知识对象，我们生活中的喜怒哀乐、心理现象也是属于生灭门，故生灭门有广泛的笼罩性，知识只是其中的一部分。故就此意义言，一心开二门，东方人重视烦恼的问题、德行的问题，这些问题笼统地大体而言是属于人生哲学。若由重视烦恼来看，这是以泛心理学的背景来说生灭。康德讲 phenomena 重视经验知识，那是知识论的立场，是重知识，不是就人生哲学讲。而东方讲生灭门是就人生哲学而言。佛教以烦恼为主，烦恼是心理学的观念，故佛教是以泛心理学的观点为其普遍的底子、普遍的背景，此是笼罩性的。

儒家则以德性为首出。儒家也知道生灭门，现实上的人生有生有死，有种种痛苦烦恼。而就道德意识而言，人生有许多行为是发自私欲，王阳明所谓的从躯壳起念，此也是属于生灭门，但不是心理学的，也不是知识论的，而是道德的，是道德实践的。道家也是一样，也有生灭门这一面，但也不是就知识讲，也就人生而言。故开二门，而生灭门这一面，就人生问题而言，东方也是积极的，说消极是就知识而言。因为现代人较重视知识方面，这方面也较突出，又因为知识问题是西方哲学中重要之一面，是故说东方人对此方面较消极，意识得不太清楚。对佛教，对知识问题也不是完全无意识，但意识得不很够，而不着重在此，着重的是我们的烦恼。唯识宗所讲的八识流转，都是属于生灭门，对于这方面它也是很正视，展现得更清楚。西方人在这方面都不行，他们在知识方面虽是积极的，但在展现人生哲学方面，在人生意义下的 phenomena 就不行。尽管有弗洛伊德（S. Freud）之心理分析，但与佛教比较起来是微不足道的，比较有分量的是现在的存在主义，如海德格尔以克尔凯郭尔（S. A. Kierkegaard）所描写的人生为其存在哲学之进路（approach），不安、痛苦与虚无是属于人生意义下的生灭门。海德格尔讲存在哲学并不是在讲知识，而是人生哲学，他这一套也是人生哲学的生灭门，不似康德那样讲 phenomena 专就知识而言，对人生哲学无多大关系。那么康德的人生哲学放在哪里？他把人生哲学转到实践理性，转到noumena 那方面来说，但那是正面地说。佛教说生灭门是由负面说，海德格尔说生灭门也一样由负面说，因为存在主义总是强调我们现实人生的虚无、不安与痛苦等这些负面的。康德言人生问题不就现象方面说，他不描写这一套，他抓住要点与关键，由正面立言，故转向实践理性，先说实践方面的，以 noumena 为本，则 phenomena自可被牵连到，他是以这个方式来讲。我们必须先对一心开二门之轻重、消极与积极之意义有了解。就知识方面讲，东方人不管儒、释、道都是比较消极的，尽管在讲人生方面的生灭门是积极的，但知识方面是消极的，因其意识得不够，着力也不是完全在这个地方，这是纲领，先指出其消极性。

进一步就要深入中国哲学的内部问题，若不知其内部的问题，而只笼统地讲积极、消极，这是没多大意义的。就是了解西方在 phenomena 方面积极，在 noumena 方面消极，也要彻底深入西方哲学的内部问题，了解那些问题是如何被思考。只泛讲 phenomena、noumena，这是无用的，故必须知道其内部的问题。

首先就东方对知识的看法为何落在消极上，意识得不够？虽然不够也不是完全没有，我们就看儒、释、道各家对知识持什么看法。

东方传统主流的儒家，虽然未曾发展出近代化的科学，但若只笼统地说中国没有科学，这也是违反常识的，所以首先英国人约瑟夫就写一部中国科学发展史，他以一个外国人就可以替我们争，抗议说中国没有科学是不对的。我们现在说中国没有科学是指学之成学意义的学而言。中国有科学传统，但没有达到学之成学意义的科学。其实中国实用方面的知识也多得很，实用的数学、几何学、三角学都有一点，但均未达到纯粹数学、几何学与三角学之学的程度，故那种实用的数学演算起来非常麻烦。我们目前使用阿拉伯数字，以前没有这些，演算起来就非常不方便，当然也可以算出来，可以算几何、测量土地，就如西方的实用几何，不发生于希腊而发生于埃及，埃及在尼罗河两边测量土地，所以首先有几何学的知识，但我们也不说西方的真正几何学发生于埃及，而是发生于希腊，因讲法不一样。到希腊的欧几里得，几何才有真正纯粹形式的几何，这是一个真正了不起的改革，康德称之为知识的革命，此革命比发现好望角对航行还要重要，这是了解西方科学史就知道的。这种意义的几何学，中国就没有开出来，这种意义的纯粹数学、物理学也都没有开出来，近代意义的由牛顿所开的物理学也没有开出来。尽管中国人说化学是由中国先发明的，但也是实用的。故中国传统历来并不是抹杀或忽视知识的，但知识之所以成为一个知识，学之所以成为一个学，这种意义的科学，如纯粹的数学、几何学与物理学等，却都没有发展出来，故无理论科学（theoretical science），而只有实用科学。

中国实用科学之传统，属于羲和之官或天官，称之为羲和传统。天官后来亦称史官，专门知识的科学都藏于此。首先出现的是天文、律、历、数，这就是中国的纯粹科学，也可以说代表理论性的科学。中国的天文学也出现得很早，世界上每一个民族都首先有天文学。仰观天文为的是要造历法，一年四季非得有安排不可。把这一套羲和传统整理出来是很有意义的，一方面自己要具备高度的科学知识，另一方面对中国这方面古典的知识也要熟悉，而以现在的方式表达出来。律是音乐，乐律、音乐与数学有密切的关系，故天文、律、历、数这四种是一组。这就是中国的科学传统，而且是属于理论性科学的。

另外一组实用性的知识就是医卜星相，加上炼丹，这是中国的实用性的经验科学传统，所谓不十分高明的科学。医卜星相成为一组，我且只就中医说。中医不是科学，但说中医没有用是很难讲的，而且不从现实方面而由中医的本质来讲，从其原则上的本质讲，这种知识是高过西医，西医是属于科学的，科学是属于量的，化质为量，而中医是质的（qualitative），故在境界上讲当该是高明，故中医是神医，靠直觉，看准了就很准。科学就不能靠直觉，西医是道地的科学，化质为量，完全抽象化，完全抽象化就不能完全了解病症，故西医有许多毛病，可是我们还承认它是科学而有效，为什么呢？因人总是有躯体（physical body）这一面的，因而也就是说总有量这一方面，故由西医的立场就专门来控制这个身体，因其有量（quantity），就要量化，不量化怎么能控制呢？但中医看病不是量的观点，是质的，但现实上不一定准，若是神医，那就一定看得很准，但哪有那么多的神医呢？大都是庸医。中医的本质是神医，要有聪明就能看得准而有效。故实用科学要寄托在医卜星相、阴阳五行。阴阳家这一套是依附于医卜星相而行，而成为中国的实用知识，也可说是不高明的科学。此与天文、律、历、数稍微不同，故分为两组。故若有兴趣而下工夫研究整理出来是有价值的，中国的科学传统是如此。

儒家在此传统下，孔门之徒、理学家们都不是念天文、律、历、数，他们也不重视医卜星相。他们是以立教为其立场，以孔子为大宗师，是弘扬道德意识，道德意识的态度是与知识相反的。但儒家在此也不轻视知识，因儒家内圣与外王合而为一，正德、利用、厚生三事俱备。正德是道德，利用厚生不能离开知识，故儒家向来并不轻忽知识，尽管其本人不从事于知识本身的研究，他们也不是科学家，但是在智慧上见识上不轻视知识。此笼统地表现在：子曰"学而时习之不亦说乎！"表示重学，知识就是靠学，尽管孔子讲的学不一定是专限于科学知识，是广义的学。广义的学，科学的知识是当该学的，孔子本身所知道的东西就很多，故云："吾少也贱，多能鄙事，君子多乎哉，不多也。"故当时视他为圣人无所不知，以博学而知名，可见他并不轻视知识。但君子立教，在道德意识上讲，虽然知道得很多，并没多大的价值，故君子不以此为多也。多是价值判断，是以为贵的意思。并不是孔子自谦而说不多，这个不多不是量的观念，这是价值判断，不多即不以此为多，即不以此为珍贵，以此为尚，因其重点在立教。这是先秦儒家的发展，后来经孔孟发展到《中庸》《易传》到宋明的理学家，对知识的问题就以两个名词即"见闻之知"与"德性之知"来分开。由学所得的都是见闻之知。我们所谓经验知识，理学家就把它放在见闻之知那方面。但理学家以德性之知为高，而德性之知如何了解？这是很难了解的。什么是德性，现代人不懂。但德性之知也不是意指对德性的知识，对德性下定义。德性之知有好多讲法，境界甚高。这个观念要了解起来是很麻烦的。依张横渠、程朱、陆王各家之看法都有不同，故要接触中国以前的哲学内部的问题，就要接触到这里才有意义，否则那些只是空名词。

中国儒家重视德性之知。见闻之知当然也很重要。儒家要过现实生活并不离世，内圣外王是要过现实生活的，哪能离开见闻之知呢？但究竟对于见闻之知的本性，如何构成，如何完成，他们均对之无积极的说明。他们视之为事实而没有说明。一切科学都离不开经验，经验的开始就是见闻，就是西方所谓的感性（sensibility）。不管经验主义、理性主义或康德的讲法，经验科学总要开始于感性，如感觉、知觉都发之于感性，这些就是见闻。西方哲学讲科学知识开始于经验，他们重视经验见闻，但他们就能把见闻之知、经验知识，如何构造，如何成立，如何发展完成，内部很长的专门程序都给解说出来，因为他们有科学作根据。我们的实用知识，医卜星相，再加上天文、律、历、数，那种完全停在实用状态的科学是不行的，它不能告诉我们依照什么程序来完成，如纯粹数学、几何学如何出现？如何完成？为什么希腊能出现？中国为什么始终不能出现，始终不能发展出来？此乃由于中国对于知识不能正视，只以见闻之知来说明还是不够的，此之所以为消极的意义。就 phenomena 之在知识的范围言，儒家所表示的态度是消极的，而在人生方面就不是消极的，因为生灭门也可由人生讲。

儒家重视德性之知，而德性之知是很难了解的，假定对之有真正的了解，那么德性之知的境界是什么境界？所担负的责任、作用是什么？这样其中的问题是什么就能清楚了。这不是纯粹的知识问题，德性之知严格讲不是知识的问题。依西方讲，以科学知识为标准，见闻之知才是知识问题，德性之知不是知识问题。虽然也名之曰知，但知有两种知，即见闻之知与德性之知。而两种知在佛教《维摩诘经》中亦有提到，如云"不可以识识，不可以智知"，见闻之知即"以识识"。识共有八识，前五识即五官，第六识即意识，第七识末那，第八识阿赖耶识，识知就是属于经验的（empirical），属于生灭门，属于见闻。佛教一言识就认为是烦恼之源，故在识知以上一定要承认智知，智知就不是知识。真正西方人讲的经验科学正是识知。智知非一般所谓的智慧，乃佛教特指的般若智。但般若智之智知，僧肇有一篇文章曰《般若无知论》，无知而无不知，这样的知有无知识的意义？当然是没有的，无知即无不知，也不是像上帝那样无所不知，无所不能，无知一下转回来无不知，这是吊诡（paradox）。这种知境界很高，这是什么知呢？为什么要高谈这种知？为什么识不好？这就要了解中国哲学以前的问题，否则都是空话。西方人就是不了解，故康德对 noumena 还是消极的，对之消极就是由于他不承认人有智知，也即康德只承认我们有识知而无智知。智知是属于上帝，而上帝的智知也不是表现于人的科学知识的识知。我们人才需要科学，上帝不需要科学，人需要数学，上帝不需要数学，因上帝一眼就看穿了，他用不了以数学来算。逻辑这种推理之学也是人类所发明出来的，上帝的思考是直觉的（Intuitive），不是辨解的（discursive），因而也不需要有逻辑，故逻辑在上帝也没有。故逻辑、数学、科学都对人而言。依佛教，在智知之层次上，也无逻辑、数学与科学，所以这种知的层次之境界是提高了，故必须了解这些词语的意义。

儒家所谓德性之知就是智知，在这个层次上无知识的意义，但一定要承认人有这一种知，如王阳明言良知，良知之知即智知，良知之知不能成就科学是很清楚的。要了解见闻之知，我们现在可以西方科学作标准就可以了解。假如要了解德性之知，就要看中国的书。德性之知、佛教的智知都是很难了解的，因为它在识以上。而成佛一定要转识成智，若只停在识就不能成佛，阿罗汉也成不了，就是凡夫，永远在生死海里头出头没，非得转识成智才能解脱，才能成佛，成菩萨。

　　道家一般言之有反知的意思，瞧不起见闻之知范围内的识知，瞧不起而且也不能正视。为什么瞧不起呢？就是因为知道这里的病痛，能觉察到识知、见闻之知这个范围内的知的病痛，所以道家也急着往上超转。在道家不说见闻之知，也不说识知，道家认为这种知识是跟着成心而来，庄子有"成心"（habitual mind）一词，这是由成习而成的心灵状态，由习惯，由经验累积而成的这么一个心灵状态，这个状态就形成人的偏见（prejudice）、定见，为判断是非之标准。依庄子，这些皆来自成心。《庄子·齐物论》有云："夫随其成心而师之，谁独且无师乎？奚必知代而心自取者有之，愚者与有焉。未成乎心而有是非，是今日适越而昔至也！"故有成心就有是非。识知、科学知识就是要讲是非，但道家就是要超脱这种是非，要超是非而对是非无正视，没有展示出来，故正面的说明也一样不够，即对之意识得不够，但倒很清楚地意识到其毛病，所以也是消极的。负面意识得很清楚，但正面没有意识到，这样仍然是消极的，究竟对知识还是消极的。故有成心就有标准，标准，以庄子看，都是主观的，为了现实生活的方便上才一定要有标准，这个标准就是坐标，视你如何定而定，并非绝对的。如东西南北的方向，也依你坐标如何而定。但必须有东西南北，否则现实生活就无法运行。故程明道说得好："俗人只知东是东，西是西，智者知东不必为东，西不必为西。"这就表示东、西的方向不是一定不能变的，这境界就高一层了。但"圣人明于定分，须以东为东，以西为西"。尽管东不必东，西不必西，但必须有一个分际，否则现实生活无法过，会混乱，故圣人明于定分，是以"定分"的智慧来维持东之为东，西之为西。若没有定分，随便乱转，不是天下大乱吗？圣人也懂庄子所说的东不一定是东，但我不在这里耍花样出噱头，不在这里出精彩，这是难得糊涂，圣人就是难得糊涂而化民成俗。此不是境界更高吗？此才是圣人。儒家对于知识就是这种态度。道家知道由成心就有是非，有是非就为此瞎争吵。依庄子看，这些都要打掉的，要化掉的，因为这些都是主观的标准。由此可知道家对知识的态度。道家既要超脱这个是非，故最后必须超脱成心，成心一超脱就是道心。成心与道心相反，道心是玄览、观照、坐忘，这都是庄子的词语。

老子在《道德经》就把工夫分为两种："为学日益，为道日损。"为学就是经验知识，"为学日益"，若采取为学的态度，就是天天增加知识，即日益。为学，经验知识就是如此。为道正相反，"为道日损"，将你所知道的杂博知识、观念系统，每天减少一点，最后把它统统化掉，为道日损，损之又损以至于无为，无为而无不为。由此可见这是两个极端相反的方向。"为学日益"，因其属于见闻之知，要出门多看多听，增广见闻。"为道日损"，则"其出弥远其知弥少"，要想为道，最好关起门来，往外走得越远，知道得越少，走遍名山大川、世界五大洲，也是一无所知。道家对这方面也意识得很清楚，其重点一样落在 noumena 方面，对此方面的态度也是积极的，但对经验知识方面也一样是消极的。

佛教在说明经验知识方面，唯识宗的前五识以及第六识，尽管为的是讲烦恼，但均有知识机能的含义。故佛家与西方的知识论相合的材料（date）独多，道家给我们的不多，儒家也不多，虽有羲和之官的传统，有医卜星相、天文、律、历、数的传统，但在成功知识的理论上，知识论的材料并不多。这方面佛教较多，而且非常有启发性。这方面首先有前五识的耳、目、鼻、舌、身，就是五官感觉。五官感觉康德总称之为感性（sensibility），经验知识就是由sensation、perception 开始的，而这就是属于前五识的。佛教言前五识，前是当前义，往后就是意识即第六识，这相当于康德的知性。再往后第七末那识，第八阿赖耶识，就不属知识机能的范围。第六识以及前五识都可视作知识机能，但只是这些还不够，还太笼统。佛教与知识论最有关系的是"不相应行法"，在唯识论中有廿余个，但这是随便举的，可以不只这些。这些不相应行法其中就有一些等于康德的时间、空间与十二范畴，也即康德所说的感性的形式条件以及知性的纯粹概念、十二范畴。在康德是分开的，时间、空间是属于感性的形式条件，范畴是纯粹概念，属于知性。佛教就没有这样分开，讲得笼统而混乱，不似西方讲得那样精确而有条理。混而为一都称为不相应行法，包括了时间、空间、因果、数目等等，这些相当于康德的时间、空间与十二范畴。康德视这些是成功知识的形式条件，离开这些形式条件，经验知识不可能，那就是经验不可能，现象也不可能。现象之所以为现象，就是因为要在时间、空间里，而以这些范畴来决定，若不经过这些范畴的决定，也不成为客观的现象。我们的知识就是知现象，知识就是经验（experience），经验就等于经验知识（empirical knowledge），完成经验要靠这些条件，这是很重要的。

什么是"不相应行法"？行就是"诸行无常、诸法无我"的那个行，行就是变动相、展布相。现象在时间、空间中变化展布名曰行，going on，going on，不断继续下去就是行。诸行无常即变化无常。此行非实践意义的行为，而是变化。"不相应行法"词语渊源很深，说起来很难了解。依传统的讲法，"行"是以思来说明，思就是现实的思维活动，此思维活动是属于无明的五蕴：色、受、想、行、识中之行蕴。色是物质现象（material phenomena）；受就是感受，有乐受与苦受；想就是想象作用（imagination）；行是思，有苦迫义，迫促推动使身不由己；识是心觉了别义。此后四蕴都是属于心理现象。五蕴总起来就是色心诸法。把一切现象分为五蕴，行蕴专属于思，即以思说行蕴。思就是现实的思考活动。思考活动催促，促使一个人不由己，不由自主。思就是想出一个理由，迫使生命不由自主地拖下去，故思是心理学的思，而不是逻辑意义的思。既然一切都是诸行无常，都是行，而又把行分成五类，色类、受类、想类、识类，剩下的就用当初笼统的"诸行无常"的"行"说之。这样也就是把笼统而广义的"行"去掉四类后所剩下的，还用原来的"行"名之，于是合起来成为五蕴，把其余的四蕴排除后，剩下的还用旧名而名之曰"行"，而剩下的就是"思"，思就是属于行。思中有许多法，就是思行，而这个思行的许多法，分成二类，一类为相应的，一类为不相应的。

什么是相应的？相应者，原初只说"心所"，相应者心所与心和合为一。"心所"是为心所有，与心和合为一。心所并不是心的对象，乃心所有的。心为总说，为心所有的那些心象（mental states）就是心所。总说就是心王，心王在时间里所有的那些心象如喜、怒、哀、乐、想、受、思、识等都是心所，都是为心所有，与心和合为一，这些就是相应的心所，称相应的行法。

还有不相应的，什么是不相应的？是由思行所发的虚概念。思本身是心所，但这些虚概念不是心，因此，不称之为心所，因为与心不相应故。这些虚概念虽为思行所发，但很难与心建立同或异的关系。说它是同也不是同，说它是异也不一定是异。心所与心王可以建立其同的关系。但有这么一种法，由思行而发，发出后就有它独立的特性，依此特性很难以说它是心，又很难以说它不是心，即与心建立不起同或异的关系。此即不相应，不能与心和合而为一。如时间、空间、数目、因果等十二范畴那些形式条件、纯粹概念等。时间、空间依康德讲乃是心之主观建构，既然是心的主观建构也可以说为心所发，但是时间、空间总不能说是心，也不能说是心所（mental states），时间、空间是形式是虚的，而心所是实的。时间、空间是由思、想象而发，思与想象都是心所，但由其所发出的时间与空间与心建立不起同或异的关系，此称为不相应行法。不相应者乃两者不能和合而为一，如粉打在墙上，与墙是不相应的，到时候破裂就脱落下来，不能和合而为一，而皮色是相应的。故不相应的行法不能说为心所，此法乃发于思行，但又不相应于思。相应于思的就是心所。因思考是我们心的活动。佛教只说不相应行法与心建立不起同或异的关系。其实我们可以扩大而言，与心与物两者均建立不起同或异的关系。那些时空等不只与心建立不起同或异的关系，而且与物也建立不起同或异的关系。在心是"心所"，在物则为"物所"。佛教无此名词，但也一样可以说。为物所有就是物所，为物所有与物和合而为一，与物相应，即与物可以建立同或异之关系。如心所，思考是心所，喜、怒、哀、乐也是心所，这些 mental states 总起来说是一心，就是心王，分化地说就是心所，也即心理现象。物笼统地说是 matter、body 或 physical body，physical body 也有其特性，如形状、量度、广延等，此等特性与物和合而为一，即是"物所"。

时间、空间可以表象心物现象，但时间、空间既不是心，也不是物，可是它又是主观的。范畴是应用于现象上而决定之，没有范畴之决定，现象也不能成为客观的对象。它可向对象应用而决定之，但其本身不是物，不是 matter，故也不是物所，但它却由思行而发，故与物建立不起同或异的关系。与心也一样建立不起同或异的关系。物所如物之基本特性，就是物所，但时间、空间不是物之特性，乃是外加的，非物之所以为物之本质。物之所以为物之本质是物所，心之所以为心之本质为心所，具体的心理现象为心所。依洛克，物性可分为第一性（primary qualities）与第二性（secondary qualities），第一性为形状、量、体积、广延等，第二性为颜色、臭味等都是我们主观的感觉。量是具体的量，而不是康德量范畴的量，范畴之量为不相应行法，而此量则为物所。

不相应行法与心建立不起同或异之关系，与物也建立不起同或异之关系。此在西方就是范畴，为形成知识的形式概念。佛教知道有不相应行法，但没有把它在知识上的用处如康德说范畴那样说得很透彻，但两者的基本用处是一致的。如佛教视时间、空间为主观的，这也与康德相同。因果、本体、质、量乃由我们的思所发出的执着，而为不相应行法。我们执着这些范畴，才有生灭相、因果相等。如无这些执着，这便成缘起法之"不生亦不灭，不常亦不断，不一亦不异，不来亦不去"。这些生、灭、常、断、一、异、来、去的定相都没有了，这些不相应行法也没有了，那些范畴也没有了。

故《中观论》言缘起法，不一、不异、不来、不去、不生、不灭、不常、不断，那是在般若智照之下，化掉了一切执着，化除那一切不相应行法，见实相后而说的。见了实相，那就是不来、不去、不生、不灭的缘起，不常、不断、不一、不异的缘起。若有这些执着，有这些不相应行法，就成现象（phenomena），作为现象的缘起法就有生、灭、常、断、一、异、来、去。若无生、灭、常、断、一、异、来、去，则无现象，无现象哪有科学知识呢？这精神又与康德相合，只是康德不说这些为执着，说是 form、category、知性的先验概念，说得那么庄严，其实那一大套都是执着，执着就是主观的，这不是与康德相合吗？由此可以讲知识，故佛教在这方面材料很够，由不相应行法可把佛教之知识论说出来，以康德所做到的来补充它，充实它，使原来是消极的转成积极的。

第八讲

只康德的经验的实在论与超越的观念论所开的两界可以与中国哲学会通：进一步讲经验的实在论如何使主观的表象涉及对象而可以客观化

西方哲学由希腊发展至康德，我们可以说柏拉图的传统以及英美的经验主义与大陆的理性主义都可被收摄消化于康德而成为"经验的实在论"与"超越的观念论"，以此为中心点就含着 phenomena 与 noumena 之分别，而有此分别就可以与东方的思想相接头。因依中国的哲学传统，儒、释、道三家也都有 phenomena 与 noumena 之分别，这一分别可借《大乘起信论》一心开二门来表示，一个是生灭门，此相当于 phenomena；一个是真如门，此相当于 noumena。

为什么只有由康德的经验实在论与超越的观念论所开出的 phenomena 与 noumena 之分别，才可以与中国的哲学相接头，相会通？这个地方要仔细地想一想。因为英美的经验主义以及其一般的实在论的态度都不一定能含 phenomena 与 noumena 之分别，因而也不一定能一心开二门，而柏拉图传统虽有二门，然而因为主体不立，故亦不能与中国哲学相接头。是故只有康德的经验实在论与超越的观念论所开出的二门始能与中国哲学相接头。

为什么康德的思想必然地含有二门之分别呢？此就要进一步说明康德的经验实在论与超越的观念论。康德是由时间、空间与现象三端开始说的。

依康德，时间、空间是主观的形式（subjective form），为感性直觉之形式条件，故此形式不是客观地摆在外界或附着于对象本身，其根源在我们的主体，故为感性之主观的形式（subjective form of sensibility），但此主观的形式只当它应用到现象（感性所给我们的现象）时，它才有实在性，离开了感性的现象，它就无实在性，此名曰时间、空间之经验的实在性（empirical reality）。假如脱离感性的现象，只从纯粹知性或理性来了解时间、空间，那时时间、空间只是个空观念，也即无实在性，因其离开感性，故曰超越的观念性（Transcendental ideality）。"超越的"，在此应是 Transcendent，是超绝或超离义，超离是超乎感性之上而离开感性，绝是隔绝，与感性隔绝。超越是虽然超乎感性，但不一定隔绝感性，可以返回来驾驭感性。如是，超越的（超绝的）观念性意即时间、空间若超离感性，而纯由理性上空想其如何如何，则时间、空间无实在性只是空观念，此是就时间、空间而言。

还有一端是现象，康德意谓的现象不是一般所言的自然界或天造地设的现象。康德一说现象是指着感性所呈现的，也即外物与感性主体发生关系，由我们感性所挑起来的。康德的说法是：现象是某种东西现于我们的眼前（appears to us），现到我这里来，它就是现象（appearance）；而我则喜欢如此说，即：现象是为感性所挑起所皱起的，此可以"吹皱一池春水"来比喻。这样一来，现象就不是天造地设的，没有现成的现象摆在外面而可以离开感性主体而独在；只有当一物与感性主体发生关系而为感性所皱起而在时间、空间之条件下它才是现象，因而它才有实在性。若思想现象而此现象是离开我们的感性主体，纯从知性或理性来了解现象，则现象就无实在性，现象就成一无所有（nothing），什么也不是。在感性中现象才具有实在性，此就是现象之经验实在性；而离开其与感性之关系而纯由理性上来想现象，则现象就是空观念，此为现象之超越的观念性。

康德就由时间、空间与现象三者讲经验的实在性与超越的观念性，由经验的实在性言经验的实在论，由超越的观念性言超越的观念论。故超越的观念论不是好的意思，意指空观念而无实在性，故此非康德之正面主张，经验的实在论才是他的正面而积极的主张，故时间、空间与现象三者离开感性就成空观念而无实在性，所以是消极的意义，不是好的意义，这是知识上的意思。在这样意义的经验实在论与超越的观念论中，感性上的现象是实在而不是主观的观念，不是幻象（illusion），这样我们的知识才可能。现象是实在的，而现象是知识的对象，故在经验知识范围内，所谓的真理就是知识，知识代表真理，而决定一个概念或命题之真假，就是视它们是否有对象与之相应，故康德的经验实在论，也与一般的实在论一样，真理就是我们主观方面的命题或概念有对象与之相应。否则一切陈说都无实在性。我们所知道的是实在的现象，而不是梦幻、幻象、假象，故一般实在论的真理（truth），都是相应说。但这是经验实在论中的相应，而非一般实在论中的相应，在这个地方就有很深刻的问题包含在这里而且很特别。

经验实在论为什么与一般的实在论不一样？一般的实在论为什么无 phenomena 与 noumena 之分别，而康德的经验实在论为什么一定含有 phenomena 与 noumena 之分别？这是第一点。第二点是现象不是天造地设的，是在感性主体中的存在；而由感性呈现给我的现象，开始一定是主观的，这是大家所共同承认而没人能反对的。在此就有问题了。开始是主观的，而又能成为客观的实在，而为与知识相应的对象，这如何可能？

开始是主观的，这一点英美的实在论也都是承认的，罗素就说"一切的哲学是帽子底下者的哲学"，意即一切都不能离开我的脑神经中心，故一切哲学的起点都是自我中心中的特体（egocentric particulars），特体就是特殊的东西。如果一切知识的起点皆是自我中心中的特体，则一切皆是主观的，如声、色、嗅、味等都是自我中心中的特殊现象。贝克莱也表示这个意思，他就认为洛克所分的第一物性与第二物性，一样都是自我中心中的特体。而此自我（ego）是哪一层次的自我呢？是什么意义的自我呢？自我（ego，self）有好几层的意义，帽子底下脑神经的自我是什么性质的自我？此自我中心的自我是生理机体的自我，王阳明所谓之"躯壳起念"的形躯的我。佛教的前五识也是这个意义的我，此是最基层的。再上一层是心理学意义的我（psychological ego），此即佛教所要破除的我，为一切执着、烦恼之源，是虚构之我。再进一层是笛卡尔的"我思故我在"（I think therefore I am）的我，这个我相当于康德的超越的统觉（transcendental apperception）的我，此为逻辑的我（logical ego）。再进一步到最高层的我，这最高层次之我，在佛教就是《涅槃经》中常、乐、我、净的涅槃真我。我们现实的我都是无常、痛苦、污染的虚伪我，经过修行而翻过来的是常、乐、我、净的涅槃真我，这是 real self。这个层次的我，不是生理机体的我，也不是心理意义的我，也不是逻辑意义的我，而依康德此是属于 noumena，若依儒家孟子所讲便是"万物皆备于我，反身而诚，乐莫大焉"之我。这样的我是什么意义的我？王阳明由良知说的我是什么意义的我？这也是真我，但依儒家，这种真我是道德的真我（moral self），此真我是要由道德上才能显出来，依康德是由实践理性讲才能显出来。

生理机体自我中心的特殊现象，都是主观的。即我看的颜色不一定与你所看的一样，其他一切感觉现象莫不如此。故贝克莱就说不只洛克的第二性是主观的，第一性也是一样是主观的，故取消了洛克第一性、第二性之分别。依康德，开始在我们感性主体中的一切表象都是主观的，尽管是主观的，但在感性中呈现就有实在性，主观的并不是完全主观的虚幻，所以现象不是幻象。而问题是现象首先开始都是主观性的，而主观性的不能成为客观的知识，在此若永远不能成为客观的，则经验实在论就不能成立。永远是主观的实在，对我是实在，对你不一定就是实在，这样哪有客观的知识呢？尽管不是假象，但开始的一切表象都是主观的，在这种情形下如何能总结起来向经验实在论这个方向发展？此即"主观的表象如何能涉及一个对象，如何能关涉到一个对象而客观化"的问题。

这是讲知识论中的共同问题，"客观性如何成立？"只是解答的方式不一样。客观性知识不能成立，这就成为怀疑论。西方哲学发展到十八、十九世纪都是谈这个问题，但到廿世纪就不谈了，为什么不谈，其背景不太清楚。是否这些问题都已解决不需再谈了，或认为这些问题无意义。其实这些问题是必要接触到的。目前廿世纪的当代哲学如语言分析、逻辑实证论、胡塞尔的现象学以及海德格尔的存在哲学等，虽都别开生面，但却没有承接他们西方传统的真正哲学问题。

实用主义如詹姆斯（W. James）、杜威等，是以有效无效来决定观念之实在性。依杜威，我们一开始主观方面有许多想法，这些想法都是主观的观念，我们如何证明这些观念的哪一个是真的呢？相合说主张真的观念是有对象与之相合，但实用主义认为哪里有此对象呢？找不出来的，故实用主义就反对此相合说。依实用主义认为对一件事情有很多想法，而哪个想法有工作性就是真的，就是依工作性来决定观念之真假。因为真理之标准在实用，所以实用主义的问题也在解答观念的客观性、真理性。

罗素是实在论者，他是依逻辑分析的立场来说此问题。知识的起点既然是自我中心中的特体，这开始是主观的。然则这如何能成为客观的知识呢？依罗素，一个命题或一个概念，要能代表一个客观的知识，就必须服从两个原则。一个原则是外延性原则（principle of extensionality）。外延是对内容（intension）而讲的，而内容是主观的。由主观的内容转成外延命题（extensional proposition），这才能代表一个客观的知识。内容一经外延化就不为其主观的主体所拘束所牵制。内容使一个概念有意义。外延使其成为客观的概念。此后者在逻辑里称"类"，也即外延决定出一个类。内容若不能外延化，就没有客观的意义。但如何才能外延化呢？关此，罗素就无交代。

第二个原则是原子性原则（principle of atomicity）。这个原则表示科学知识是可以分解的方式来表达的，可以清清楚楚地分析出来的。就知识之可以分析地讲，罗素就提出原子性原则。这表示部分可以独立地被了解，不一定要通过全体才能被了解。若部分必须通过全体来了解，则部分无独立的意义，这样科学知识就不可能，此在第一讲已经举例说明。

重视原子性原则也就是重视个体性，这是英美思想中最独特的一点。虽然在哲学方面谈原子论或多元论似乎不十分究竟，但其在社会政治方面的作用不可轻视。就是比较重视全体的也不能抹杀这个原子性、个体性。

中国人喜欢讲全体，常喜言天地万物为一体、天地与我并生、万物与我为一，但要知道这些话的真正意义，这些思想其实是彻底的个体主义，彻底地尊重个体，并不像我们所了解的一讲全体就把个体抹杀，这都不是儒、释、道三家的思想，这是一般人的误解。所以英美的哲学家无论讲哲学，讲社会，抑或讲政治，都很自觉地重视这个原则，故不要轻看英美的思想。在哲学方面虽不十分过瘾，也不能随便抹杀的，康德虽然不是讲多元论的，但他也一样重视个体，只是词语不一样而已。

由原子性原则，知识可以分析；由外延性原则，知识可以客观化。故客观知识的成立，必须根据此两个原则，这是罗素的讲法，这也是针对上面的知识开始于主观而如何能客观化的问题。但此解答是根据逻辑分析的态度说的，而此两个原则被说成假定，意即此两个原则是逻辑上的需要，以一般话来说，此是理之当然。这样只指出理之当然，而没有说明出所以然，常常变成没有解答。逻辑分析就常常犯这样的毛病，讲分析的大都是这样。为说明知识要客观化，所以才提出这两个原则。而真正的问题是：如何能做到这一步？即，如何能证成这两个原则？如果不能证成，这不是等于没有解答吗？这是知识论的问题，一般都没有真正地透彻地来解答如何能达到这一步这个问题。

康德的哲学很难以了解的原因就在此。在解答"如何"这一个问题，康德认为一切表现都是在感性主体中存在，所以都是主观的，而如何能客观化呢？康德的解答大体是这样的：感性主体中的 material phenomena，也即 representations，都是实在的，都是由外面给我的，matter 不能由我们的脑子里玩弄魔术变出来的，那样就不能涉及对象了。尽管在感性中是主观的，但是由外面给我们的，而给我们的方式必须通过我们的机体构造，如颜色就必须通过我们的五官眼睛来看才能给我们，否则就没有颜色，但通过机体感官而给我们的是主观的，如何客观化呢？客观化是靠什么呢？依康德说明，解答"如何"这个问题，要客观化须依靠主体发出的一些形式条件，也即靠主观的形式（subjective form）。

客观化首先由感性处讲，是要靠感性的形式条件时间、空间的。时间、空间是主观的形式，但 matter 这个现象摆在时间、空间内就有初步的、基本的客观性或实在性。若一感性对象不在时间、空间里，那就是假象，没有实在性。时间、空间这些主观的形式决定这些主观性的材料表象（representations），使其有客观性，这是第一步。形式是由主体而发，而 matter 则不是由主体而来，否则就是耍魔术。贝克莱也是这样主张，但中国人不了解贝克莱的"subjective idealism"，认为这是主观的耍魔术妖怪。形式（时间、空间）是主观的，可是这些主观的形式能使感性的表象涉及对象而客观化而有实在性，这是很怪的。此中的道理有点吊诡（paradox），很古怪，其难于了解就在这个地方。一个东西要成为客观的，是靠主观的东西而成为客观的，这不是很古怪吗？但要知道使其成为客观的那些主观的东西是什么东西。时间、空间这些形式并不是由外面给予我们的，它们与感觉、现象是截然不同的，我们平常不大注意这个思想。在感性中呈现的主观的物质现象，摆在时间、空间这些形式内就是客观的，若不能套在时间、空间之内就是假象。我们进一步想，为何说时间、空间是主观的，因为外在世界并没有时间、空间这个东西摆着，这个道理就好似逻辑中的 all、some、and、or、is、is not 等，我们是不是能在外在自然界中找到一个东西叫做 all、some、or 等，外在世界有的是各个不同的对象，但没有 all、some、or 等，所以 all、some、or 这些词语（terms），与粉笔或杯子这些字显然不是同类的，故 all、some、or、and、is、is not 这些字罗素就称之为逻辑字（logic words），而粉笔是对象字（object words）。外在世界并没有一个东西叫做 all、some，也就是说 all、some 不是由外面给我的，那么 all、some 怎么发出来的呢？ all、some 这些称为逻辑字，而表现逻辑句法的，是发于思想之运用，所以 all、some 是思想运用中的概念。同样，外在世界也没有东西称为 is、is not，这是表示肯定否定的态度，是我们下判断时逻辑思考的一种运用（operation）。此等思想之运用康德称之为逻辑的功能（logical function），代表逻辑功能的就是这些逻辑字，而康德就以这些逻辑字为线索（clue）来发现范畴。康德就认为范畴是由知性所发的，而知性的作用是思想，吾人的思想就能发出这些概念，这些概念不是对象而是决定对象的形式概念，康德就循亚里士多德称这些为范畴（category）。

一个现象摆在时间、空间内就有客观性、实在性。时间、空间是主观的形式，它们使主观的表象初步地客观化。第二步要靠范畴来决定，这就是第二步的客观化，到此就完成充分的客观化。康德的思路大体如此。

由外在世界通过感性而给我的那些物质现象是主观的，而要靠主观的形式把它们客观化。有这么一个转折，所以才说康德是主观主义。康德的思想最难了解的就是这一部分，而似乎没人真正能了解，好像他只服人之口不能服人之心。人不一定能信服，不信服的缘故就是以为这是主观主义，尤其是英美人不能了解，在此就必须仔细思考。一个东西能客观化是靠形式，靠法则性的概念，这是很合理的。客观的东西不是完全都由外部来。"通过感性主体而给予的主观表象，如何能涉及对象而客观化？"客观化是要靠主体发的形式条件，即时间、空间与范畴等。范畴这些法则性的概念是由 all、some、or、is、is not 等这些逻辑字所引出的。范畴不是指表一对象的概念，而是表示法则性的概念，所以也是形式的概念。这种思路是合理的。平常一言客观就代表外在，凡是外在的才是客观的。这种想法并不能适用于一切。

如儒家言"立于礼"，礼是一些形式（form），也就是相当于法则性的概念。依儒家的想法，一个人要能站起来，是要在礼中才能站起来。如不在礼中，也就是一个人不在方性的规制中，则一个个体就东倒西歪，摇摇摆摆，没有一定的地位。故《论语》有云："兴于诗，立于礼，成于乐。"只是兴于诗是主观的，兴发是主观的，但只是兴发起来到处横冲乱撞、东倒西歪也不行，故要立于礼，在礼中才能站得住，故礼是法则性的概念，就是形式（form），而礼是由内出。依荀子，礼是由圣王所制成，而圣王为什么能制成，也是由于其心。礼依孟子就是出乎"本心"。恻隐、是非、礼让、羞耻四端皆是发自本心，故立于礼这种思想不是不合理的，这是由道德的立场而言的。

知识上也是如此。形式出乎主体，说这是主观主义，此主观主义并非不对。由主观的形式这个层次说主观，而此主观的形式能使主观的表象客观化，这样能算是主观主义吗？如要说主观主义，若只是就感性给我的物质现象而言，这些就永远是主观的，就此而言才是真正的主观主义，彻底的主观主义，这样不能成立客观的知识。知识开始于主观，这一点即使罗素那样实在论而又最崇拜科学的人也承认，故只停于此，就永远不能客观化，这才是真正的主观主义。

故康德的经验实在论在解答"主观的表象如何能涉及对象而客观化"的问题，这个解答是解答"如何"，而罗素的解答不是真正的解答。外延性原则如何出现？原子性原则如何出现？康德的十二范畴就是为了解答这两个问题。罗素的思想就是由康德的思想换换词语而转变出的，其实罗素的好多思想都是来自康德。康德的经验实在论与超越观念论就含着 phenomena 与 noumena 的分别，进而且说明了主观的表象如何能涉及对象而客观化的问题。而这些说明被人认为是主观主义，其实主观主义在此是否可以说，是否通，这是很值得思考的问题。

由此问题而引出来的结论是：我们的知性为自然立法。这句话也很难了解，使人觉得更是主观主义。

康德的思想有两层立法，知识层由知性讲，即知性为自然立法；另在行为方面，自由意志为道德立法。由自由意志为道德立法这一层很易了解，无人指为主观主义。但是在知识层上说知性为自然立法，则令人惊奇，以为是主观主义。因为自然法则是经由自然界发现出来的，怎么说为自然立法呢？这不是主观主义吗？康德为自然立法是根据什么？是根据使表象能客观化的那些形式条件（formal condition）讲的，感性的形式为时间、空间，知性的为那些范畴，为法则性的概念。他是由范畴这层次讲为自然立法。在此层次上讲为自然立法是不是站得住？康德所谓为自然界立法是就量、质、关系、程态等十二范畴的法则性概念而言的，而一般人心目中的为自然立法是就具体的自然法则（natural law）而言的，这些自然法则是由自然界现象界发现的，如物理法则（physical law）、化学法则（chemical law）等等的法则。

这种法则与康德所意谓的由范畴等所言的法则性的概念是否同一层次，是否一样？而康德这样的立法是不是主观主义？这两个问题都要仔细考虑。如果知道康德的经验实在论所言的为自然立法的法与一般心目中的自然法则是不同的层次，则认为康德的知性为自然立法是主观主义是否正确？由此而再牵涉到现象与物自身的分别，而这个分别与洛克、莱布尼茨的分别有何不同？这是大体的开端，以后再逐步详细说明。

第九讲

使主观表象客观化的是发自知性主体之形式，犹若"立于礼"

自我中心中的特体如何能关涉到一个对象？因为自我中心中的特体都是感性的主观表象，也即一切经验知识都开始于感性的主观表象，而这些主观表象如何能客观化？如何能关涉到一个对象？换言之，如何由感性的主观表象而达成客观的经验知识？

如前所述，依罗素，知识要能客观化须依两个原则，一个是外延性原则，另一个是原子性原则，这种解答是理之当然，理上当该如此的，意思是要想达成客观的经验知识，就当然须要此两个原则，否则就不能达成。但究竟没有进一步说明"如何能如此"。逻辑分析家的态度大体都是如此。康德就是要答复"如何"这个问题，就要进一步追问这两个原则如何可能。只说当然而不说出其所以然，还是没有真正解答问题。康德就是要说明主观的表象如何能客观化，换言之，即如何能达成外延性原则与原子性原则。达成外延性原则，知识才能客观化；达成原子性原则，经验、科学知识才能分解地被表示。原子性原则是说部分可以离开全体而独立地被了解，假如部分无独立的意义，则它们永远不能离开全体而被了解，因而无知识可言。因为要知道这个部分就要了解全体，而这个全体又是另一个全体的部分，这样一层一层地扩大其牵连，就永远不能有知识，故为说明科学知识，外延性原则固然重要，原子性原则同样重要。外延性原则能使知识外延化，能外延化就能客观化，因类概念可因此原则而客观地被决定故。原子性原则是对分析讲，因科学方面的知识不能离开分析，即分解的表示；假如为了了解一个杯子而牵连到需要了解太阳系乃至全宇宙，则此杯子就永远不能被了解，这不是在科学知识范围内所能应用的。

康德要说明主观表象如何客观化，如是，罗素的这两个原则自然就包含在内。他的论点是范畴，若无范畴知识不能客观化，无客观的对象，也不能关涉到对象；因为无客观的意义，故亦不能有分解的表示。故可知罗素的两个原则是藏在康德的范畴中。

康德的解答就是在说明如何达成罗素这两个原则。罗素只说当然之理，而康德要说明"如何"与"所以然"。康德的解答是以主观的形式条件来答复客观化这一个问题，这个论辩很微妙而难以了解。凡感性所呈现的表象是主观的，而表象是材料，如看一个颜色，颜色是通过眼睛来看见的，是主观的表象，因视觉各人不同故，其他的表象都是如此，故发自于感性的表象都是主观的，都是自我中心的，无共同性、客观性。要想使其能关涉到对象而客观化，这就要靠形式（form），形式是由我们主体发出的，由主体发的形式使主观的表象关涉到对象而客观化；换言之，主观的形式能使主观性的表象客观化，这不是很古怪吗？

这个道理可换一个方面的例子来说明就较容易了解。孔子言"立于礼"，因为个人的生命是可以东倒西歪、摇摆不定的。生物性的个体要摇摆到哪里去是不能决定的。如把它归到生物学的立场来规定它，则它可成为生物学中的个体，但不能使他成为一个"人"（human being）。人可以不只是一个生物性的个体，也不只是一大堆细胞。但人也可不当人来看，只是以生物体的一大堆细胞来看。但若真的要以人来看，人这个个体一定要套在人伦的关系中，"礼"的起点就在此人伦关系，故人要当一个人来看，能站得起来贞定住自己。不要东倒西歪，摇摇摆摆，就要立于礼，要在礼中立，在礼中才能站得住，才能定得住。这能站得住、定得住就是客观化。此客观化当然不是由知识言，而是讲人的问题，也不是讲生物学的生命（biological life）。生物学的生命中找不出人伦关系，找不出礼来，不要说生物学，就是在心理学、人类学也找不出来。由这些知识只能由各方面解释人的不同现象，但根本不能了解人。

一个人要当一个人看，是要他能站起来才有客观性，要能站起来是要靠"礼"，此"礼"由何出？礼由心出，"礼"是形式（form），而人能客观化是靠由心所发出的形式——"礼"。当然历史上说礼是由周公制礼作乐而来，荀子就认为礼是圣人所订制，但追问圣人为什么能制礼，根据什么来制礼呢？此乃由于圣人能澄明他的心，虚一而静，故圣人能经由修道才能使他的心虚一而静，达到这样的境界他才能制礼作乐。依孟子就直言礼是出于人的本心，此本心就是是非、恻隐、辞让、羞恶等四端之本心，故礼乃由本心而发，故为由主体而发的主观的形式（subjective form），而一旦成为形式就有客观的意义，有共同性、客观性。而康德的知性能客观化主观的表象也是同样的道理。故有客观性、普遍性是通过"礼"而然的，"礼"才是客观性、普遍性的所在，平常一言客观就是外在的（external），这种外在意义的客观是很肤浅的。

如全部的数学、数目都是普遍性与必然性的，但外在自然界没有数目这个东西。所以莱布尼茨以数目为半心理的东西（semimental）。但为什么称其为半心理的？它不是心理学的东西，它不是心态、心象，但它又由逻辑思考、形式直觉而成，一旦形成后就不是心，故曰半心理的。罗素随弗雷格（Frege）说它既不属于物理域，也不属于心理域，而是属于中立的逻辑域。故它很明显地是一些形式的东西。

佛教就称数目、时间、空间等为分位假法或不相应行法。"分位假法"是说时间、空间等是就变化过程中之某分际而假立的，显然是些主观性的东西，康德就说它们是"心之主观构造"。"不相应行法"这个词语更有意义。不相应者是说这些"法"与色心诸法建立不起同或异的关系。你说它们与色心诸法一定是同固不行，你说一定不同也不行。例如数目，你说它一定是心，当然不对，因为数目不会是心态；你说它一定不是心，也不对，因为它毕竟是由心之思行而发，由心思之逻辑构造而成，由心之形式的直觉而成，故莱布尼茨名之曰半心理的。同样，它与色法也建立不起同异关系，因为数目不是色法（物质现象），但又可以用之来定物，好像物有数目性，其实数目实不是物之固有之性；形状、广延、体积等才是物之固有之性，数目不过是可以应用于这些物性上而已。佛家说"不相应"，说"与色心诸法建立不起同异关系"，这是很有思理的，很足显出这些形式法之显明的特性。

与心能建立起"同"的关系的名曰"心所"，心所者为心所有，与心和合而为一，此如诸心态是。与心能建立起"异"的关系者就是"物"，心与物是绝异的（经验地说）。与物能建立起"同"的关系者名曰"物所"（即如洛克所说的第一物性是）。"物所"一词是我依类比而立，佛家原无。与物能建立起"异"的关系者就是心（这也是经验地说）。但这些形式法既不是心，又不是不是心；既不是物，又不是不是物。此其所以不相应也。

依佛家词语，心有心王、心所之分。每一个心，以心本身来看，把心看成整个，名曰"心王"，不但阿赖耶识是心王，八识每一识本身都是心王，而且都有它自己的情态，依西方词语即心态（mental states），此则名曰"心所"。第六、七、八识每一识都有许多"心所"。前五识较简单，但以眼识为例，视是靠眼官，而眼官的作用还是识，视觉还是心之活动，也即视觉本身是心王，视觉有种种状态，那就是视觉心王的心所。心所是一种状态为心所有，与心和合为一。而佛教称不相应行法的时间、空间、数目、因果、同异、一多等这些概念，就相当于西方哲学的范畴，这些范畴由古希腊就有，为最广泛使用的概念，而佛教就以这些为不相应行法。不相应行法是形式性的概念（formal concept），不得名曰"心所"。

依洛克分物性为第一性（primary quality）与第二性（secondary quality），依洛克第一性是客观的，如形状、体积、广延、量等大体都是属于物本身的性质，故他就以为都是客观的，是附着于色法上的本质属性（essential attributes）。如上所说，不相应行法既与心建立不起同异的关系，也与物建立不起同异的关系。因为它既不是心的特性也不是物的特性。

不相应行法，是属于行，行是什么意思？行是指"思"言。"色、受、想、行、识"中之行蕴就是思，为什么以思来表示行呢？如前讲已明，诸行既已分别地说为色、受、想、识，单剩下"思"无可划归，遂即以原说诸行之行名之，故以思解行也。思也是属于心。但思行中有好多法，这些法分两类，一类是相应的，一类是不相应的。换言之有相应的思行中的法，有不相应的思行中的法。思本身就是一心所。而思行中相应的法名曰心所，因为思行本身属心，故心所单就心言，因而无"物所"之名。心所是 mental states，与心相应的才能称 mental states，不相应的不能称之为心所。思行中不相应的法就是不能与心法进而亦不能与色法建立同或异的关系的思中的那些形式概念。而这些形式概念起源于什么主体呢？既是属于思行，故其起源是起源于思想（thought），此思想非平常所言的想象，亦非属于心理学意义的思，而是逻辑思考（logical thought），是由逻辑的我（logical self）中发出，故有客观性、必然性与普遍性的三个特性。康德也以为那些形式概念（时间、空间属感性除外）是发自逻辑主体，逻辑主体与心理主体不一样。罗素也以为数学不是属于物理的（physical），也不是属于心理的（psychological），而是属于逻辑世界（logical world），而这个逻辑主体或逻辑思想发出的主观形式能使感性中所呈现的主观的东西客观化。意即由主体发出的形式（form），能使感性的主观表象关涉到对象而客观化。此讲法很古怪。感性的表象本来是主观的，而主观的形式条件能使其成为客观的，这在一般看来以为是主观中的主观，岂不是成为更主观的？故指康德的思想为主观主义。这是一定的吗？我看这未必然。

数目依莱布尼茨是半心理学的，但一旦成为数目就是客观的、必然的、普遍的。这样的数目论是主观主义呢，抑或是客观主义？没有人因讲数学不属于物理世界、心理世界，而属于逻辑世界，就说这样讲数学是主观主义。主观的形式条件，即由主体而发的形式条件，能使现象客观化，由此而说其是主观主义是不通的。一般人并不了解主观主义的意义。由主体发的形式条件而使主观的表象客观化这个思路较复杂而微妙，而且难以了解。但是由上面一步一步由莱布尼茨讲数目是半心理的，罗素说是属于逻辑的，佛教说是不相应行法看来，则康德的说法是很合理而可理解的，而不是不合理的古怪，在此说是主观主义也很有问题，这是必须仔细思考的。

佛教对那些不相应行法的说法，康德是可以接受的，但康德就不似佛教那样笼统，而把这些形式条件分为两层，第一层由感性讲，此是基层，第二层是知性（understanding）层，此两层就可以把佛教笼统说的廿多个不相应行法（不相干的除外）分成两类。由感性层上说的形式是时间、空间，由知性层讲的是形式性的概念即十二范畴。感性通过五官所接触的现象都是主观的，此是由感性的材料方面说的，色、声、嗅、味等永远都是主观的表象，但是这些主观的表象一定要套在形式内，它才有客观而且有真实（real）的意义，在此讲就是实在论。声、色、嗅、味这些表象虽是主观的，但不是幻觉而是真实的，而真实的成其为真实，要套在形式内，才有客观的意义，也才有真实的意义而为真实的存在。

在感性层上直接套上的形式就是时间、空间，时间、空间为感性底形式（form of sensibility）。感性底形式是由我们的心灵随着感性而表现其作用，其作用就是涌现时间、空间，涌现出来直接地就用于安排感性的主观现象。开始讲时间、空间是感性底形式，是主观的，而感性之取物是直觉的。就以"看"为例子，这一"看"，主观方面是"看"，客观方面是"所看"的颜色，这是直接呈现的，而且在感性中的"看"，主客观是不分的，在此怎么能说时间、空间是属于主观或客观？为什么说是属于"看"，而不是属于"所看"的颜色？在此主客观不分，浑而为一，这样说属于主观或客观都可以。但时间、空间是属于主观，而颜色是属于对象的，在此不能以感性的主观客观不分来辩，不管你自觉到不自觉到，这是由反省上来说明的。主观的是"看"，"看"是直觉（sensible intuition），是视觉的直觉，"看"就要在时间、空间的形式下，才能成其为"看"。假若"看"不在具体的一个时间与空间中，不在某个时刻、某个处所中，则这样的"看"就是抽象的看，那就等于没有"看"，那只是"看"之概念。假如是真的具体的看，而且有具体的颜色，那一定都在时间、空间中，则这个时间、空间之形式，不但是"看"之形式，而且也是"所看"的颜色之形式，这是同时的，不过分解一下讲就说时间、空间是感性之形式，由心立不由物给，因此说是主观的。颜色若是具体的,一定要在时间、空间中,若颜色不在任何时间、空间中,则颜色只是抽象的概念,不是具体的颜色。如人的概念,古今中外的人都可包括在内。如要讲一个具体的人,如孔子,就是春秋时代周游列国的那个圣人,一定要举出具体的时间、空间。但不能因此就说时间、空间是外在的。

主观的形式用于感性而为感性之形式,这并不表示此形式是由这感性主体而发。依康德,感性(sensibility)是接受性,接受外来的东西,由外物给我一个刺激,而我接受一个刺激就有一个呈现。假如说时间、空间就是此接受性的感性所发,这也是讲不通的,在此须再详细予以分析。

若外界给我的皮肤一个痛的刺激,而我有痛的感受,而此皮肤触觉的痛的接受性,其实是发不出时间与空间的。感性是要在时间、空间中成其为接受性,说"时间、空间为感性之形式,是主观的",这不表示时间、空间是由感性主体而发,这只表示时间与空间用于感性主体。心灵随五官感性而表现作用,在佛教为前五识,识是属于心,五识并不是五官,乃是心灵随着五官而表现其作用。识是了别作用,故五识乃心灵依附在生理机体而表现。王阳明所谓随躯壳起念就是识,不随躯壳起念就是良知。孟子云:"耳目之官不思而蔽于物,物交物则引之而已矣。"凡此乃是依道德立场而言。严格落实而言,前五识是心灵随着五官之目来看成为视觉,即是眼识;随着五官之耳来听为听觉,就是耳识。其他亦如此讲。光只是看、听,还无了别作用,官觉之识才有了别作用。而此五识本身也不能涌发时间、空间之形式。心灵随着五识而再凌空地表现其某种作用以突显形式，这个心灵就要暂时超脱一步不与感性纠结在一起；它超脱一步而就着感性发出形式必须有其独立性的作用。此独立性的作用康德并没说出，他只说时间、空间是心灵之主观构造（subjective constitution of mind），而心灵是属于哪一层次意义的心灵康德并无交代，故在此有隐晦。

若直就感受性、接受性去分析，如就眼睛之"看"而言，"看"是心灵之了别作用，是属于前五识，此了别是了别颜色，它也发不出时间、空间之形式，而说心灵之主观构造，此心灵是落在哪个层次而言呢？至少不能说就前五识来说，但也不是属于第六识，因第六识是属于知性。因此，当该说时间、空间是发自想象层的心。康德很看重想象之机能（faculty of imagination），他讲时间、空间并没有提到想象层，而讲规模图式（schema）时就提到。想象力就是心之主观建构作用，其涌发时间、空间以及形构规模图式都是先验地发之与形构之。不管你意识到不意识到，赞成不赞成，这都是不相干的，因为时间、空间为心灵（想象）之主观建构是一定的，虽然关于时间、空间有好多不同的主张。

对象如山河大地是外在的对象（external object），为客观外在的东西，但客观外在世界有无时间、空间这种对象？我们能通过哪一种认知的能力来认知它？时间、空间是虚的，山河大地是实的，我们可以通过物理、化学等等许多不同的路数（approach）来了解，了解后还是这个山河大地，即使是上帝创造的也是山河大地，因为这是实的，可是就没有时间、空间这种对象，我们也无任何认知能力能把握到一个外物曰时间、空间，感性是不能的，通过感性只能感觉到色、声、嗅、味、痛等，但绝不能感觉到时间、空间。尽管我的看以及所看的颜色在时间、空间中呈现，但我们没有看到时间、空间，故依康德乃通过反省（reflection）而知道的，因其是先验的（apriori）或先在的，故通过感性的前五识我们无法知道时间、空间。那么我们是否可以通过知性的思考来思想时间与空间？当然可以。例如我们可以通过具体的一条线或一个图形来把时间与空间表现出来，这是时间、空间早已有了，我们经由思考的作用而想它，借助线或图形等具体物来想它。但知性绝不是时间、空间底涌发地，因为知性只是思，思绝不能形成时间与空间。思凭借概念去决定早已有的，并已用之于感性的时间、空间中的感性现象，但却不能把时间、空间当做外在的物而去决定它，就如同决定一外在的现象一样。

故外在世界无时间、空间这种东西，但时间、空间的作用又非常大，故时间、空间是虚法，不相应行法都是虚法，这些虚法由我们主体发出的，而用来控制、安排那些外在世界的对象，使这些对象有客观性真实性，此之谓"虚以控实"。

康德的《纯粹理性批判》一书中，讨论时间、空间部分的为感性论，竟只有短短四十多页，说得很简单，而非常难以了解。康德说时间、空间是主观的感性形式，为心之主观建构，其实并非不可了解的，如以佛教的不相应行法就可帮助我们了解。康德提到对时间、空间的看法有三种，除了他自己的看法以外还有两种。一种是把时间、空间视为是客观的绝对自存体（objective, absolute self-subsistent real being），由古希腊的原子论者至牛顿的物理学都持这种看法，一般科学家也都认为时间、空间是客观的存有（objective being），印度之外道哲学胜论师也持这种看法。既然时间、空间是客观的真实存有（real being），但又是"非实物"（nonentity）的形式的存有（formal being），这样的时间、空间是通过我们思想的运用所构思出来的，把其客观化推出去而成为外在的，故完全是虚构的时间、空间。佛教就不认为如此，佛教认为作为客观而自存之实有的时间、空间是由虚妄执着而虚构成的，佛教认为此乃由于识之执着，但执着就不是实在的，不过虽然如此，我们还是可以使用时间、空间而不视之为一自存体，随俗而方便使用是可以的。这明示时间、空间是方便假立。

另一种说法是莱布尼茨所提倡的，他认为时间、空间非客观自存的实有，而是由客观对象自身的关系中抽象出来的，不是离开对象自身而客观独存的实有，此称关系说（Relation-theory of space and time），牛顿的说法是绝对说（Absolute theory of space and time）。此绝对的时间、空间为牛顿物理学的基本假定，依爱因斯坦就不需这个假定，故成相对论，但相对论之时空观也不必是莱布尼茨的关系说。

康德就指出时间、空间既不是如牛顿所说的客观绝对的自存体，也不是如莱布尼茨所想的由对象本身的关系中抽出来的。我们说对象间的时空关系，其实乃由我们主观的时空形式之应用而决定成的，而不是时空关系由对象本身间之关系抽出来的，故关系说是颠倒过来说的。由主体而发的虚的形式来控制实，而使实的能客观化，由这实的方面讲，康德是实在论。人们谓其为主观主义，乃由其控制实的那形式是主观的而言，而不由实的物质材料方面言主观主义。物质材料这些实的都是由外面通过感性给予于我们的，但控制、安排那些实的材料乃是虚的主观形式。这样你说康德是主观主义乎，是客观主义乎？安排控制实的是形式，此形式是主观的、虚的。若主张这些形式也是客观而外在的，这种客观主义是讲不通的。我们只要在材料、实的这个地方说时间、空间之客观实在性就够了。

"主观虚的形式能使实的主观性的感性材料能涉及对象而使其客观化"，是最正当而最合理的讲法，其中的道理就是"虚以控实"的观念，"虚"的主观形式能控制安排"实"的主观材料使其成为具客观性实在性的对象，虚的竟有这么大的作用吗？曰有。兹可借通俗的事理来说明以帮助大家去了解。

如由香港到台北，一个多钟头就到，这是实的，其他要办的些种种手续都是虚的。原子弹是实的，造原子弹的那些程序是虚的。打仗是实的，而完成打仗的那些程序是虚的。野人一枪一刀，直接搏斗，就用不着那些虚的架势。越是高度的事越需要虚的形式。人间就是如此。上帝不需要这些形式，动物也不需要这些形式。人若只就感性底直接摄取而言，不想进一步要说明"知识"，则连时间、空间这种形式亦不必要。感知只是冥暗，与动物无以异。时间、空间以及范畴只在为的说明知识上才出现，而人亦实有知识，因而亦实有这些先在的虚的架势。虚的架势只在说明人的经验知识上才有效。说其是先在的亦只在这个契机上说。此之谓"以虚控实"。知识或对于知识的反省越落后越不知这种虚实的道理。

第十讲

未决定的对象与决定了的对象

我们的主观表象如何涉及对象而能客观化呢？这须分两层来讲，从感性层所以能使主观的表象涉及对象乃依时间、空间之形式，这时间、空间之形式依康德为主观的形式（subjective form）。此主观之形式由主体而发，为心灵之主观构造。心灵乃代表主体，心灵之主观构造是指哪一层次之心灵呢？当然是想象层，感性本身并不能有此构造。想象层之心灵随我们感性之摄取而首先发出时间、空间之形式。诸主观的表象就是安排在这时间、空间之形式里边，或这样说，即：在时间、空间这种主观形式之下，诸主观表象才能呈现给我，而且当做具体的东西呈现给我。故时间、空间为感性之形式是很可理解，很可说得通的。

感性直接把一个东西给我，感性所给的都是具体（concrete）而特殊的（particular）。具体之所以为具体，特殊之所以为特殊，从形式方面言是时间、空间，这是可以了解的。假如抽象地说一个东西，而不在时间、空间中，那么这一个东西不是具体的。譬如人这个概念，无时间、空间性，此非具体的，非感性所呈现于眼前的人。感性所呈现于眼前的具体之个人某甲某乙必在时间、空间中，故时间、空间为感性主观表象之形式条件，而且是先在的，主观形式条件。

可是虽然把主观表象的对象放在时间、空间之形式中，或在时间、空间形式条件下呈现给我们，此呈现的对象在感性层上，康德言其为"未决定的对象"（undetermined object）。什么是未决定的对象？感性是通过耳、目、鼻、舌、身而把具体的现象呈现给我，至于具体现象所具有的那些普遍性的内容并未呈现给我们，因未呈现给我们，只是具体的东西摆在我的眼前，至于此具体的东西是什么样的东西，有些什么定相——有些什么关系，什么量，什么质，我们都无所知，故称之为"未决定的对象"。

什么是"决定了的对象"？决定之所以为决定，靠什么来表示呢？或者所决定成的是什么呢？决定成的是眼前呈现的那些对象之普遍的性相。这大体从三方面来了解，即量（quantity）方面、质（quality）方面、关系（relation）方面。我们知道对象的内容，大体不出这三方面。这量、质、关系，皆带有普遍性，并不是这个东西所特有的，到处都可以具有之。

所谓决定就是决定这三方面的普遍性相，英文为 universal characteristics。即普遍之特征，普遍的性相、征相。佛教《法华经》云："唯佛与佛，乃能了知诸法实相。"每一法有如是这般的相，如是这般的性、体、力、作、因、缘、果、报等九种，即《法华经》所称之九如。但共有十如，第十如为"如是本末究竟等"。这是什么意思呢？每一个法，即天地间的一切东西，皆是如是这般的从本到末究竟说起来毕竟平等平等，究竟就是毕竟。如是这般的从本至末就是从如是相，如是性、体、力、作、因、缘之为本，到如是果如是报之为末。任何东西有如是这般的性相等，就有如是这般的结果；有如是这般的结果，就有如是这般的报应。一切自然现象皆如此，并不一定是迷信。每一法从前九如讲个个不同，皆有性、相……因、缘、果、报等等不同。虽然有此九如之差别，但说到最后还是毕竟平等平等，即究竟是"如"，是"空"。不管你是什么性、相、因、缘、果、报等等，说到最后还是空如。佛教不是讲空讲真如吗？这个平等只有在空如这里讲。如从性相处，只能说差别，此即十如之前九如，即如是性、如是相等之普遍的性相。第十如是最后的空如，这也是普遍的性相，即一切法是空，无我。此第十如之性相显然与前九如之性相不是同一个层次。前九如之九种性相属于康德系统之现象层，现象之这些性相是各个不同有差别的。但最后的空如这一性相则是都一样而无差别，这个是空如，那个也是空如，并不能说粉笔的空如与石头的空如不一样。那么"本末究竟等"所代表的实相与前面九如所代表的实相是不同，前九如是属于 phenomena，"本末究竟等"的空如之实相依康德是属于 noumena。依佛教言此第十如"空如"的实相，乃智之所照，此智即般若智，此能照实相之般若乃是"实相般若"。此不是感性、知性，甚至理性（pure theoretical reason）所能达到。依康德，感性、知性只能把握现象，即使是理性也达不到 noumena。当然康德无空如之观念。可是佛教之空如也就是 noumena，故《法华经》之十如的实相可分两类来了解，一类为现象层方面之实相，一类是非现象层方面的实相。Noumena 不好译，不能译为本体。Noumena 依康德为纯粹理智的东西（纯粹理性的知性所思的东西），一点经验的根据都没有，没有感性的支持，故 noumena 又转一个名词为"intelligible entities"，译为纯智所思的那些东西。Noumena 就是纯智所思的东西，无经验材料的支持，如物自身（thing-in-itself）为纯智所思，此概念不矛盾，但不能呈现给我，因非感性所能达。还有自由意志（free will），也不是由现象界所能证明的，其他还有灵魂不灭（immortality of soul）、最后上帝（God），这些都是纯智所思之对象，为 intelligible entities，不是感性之直觉所能达到。这些康德都称为 noumena，我们一般译为本体，这是不对的。如果译为本体，到底哪一个是本体？是以自由意志为本体乎？以灵魂不灭为本体乎？以上帝为本体乎？或物自身乎？皆非也。如文而译当为"智思物"，笼统略译则为"本体界者"。Noumena 既如此，那么现象（phenomena）即为感触物（sensible entities）。依《法华经》，空如实相为纯般若智之所照，非我们之感性直觉之所能及，因此方便地以康德之 noumena 说之也可以。

感性只能把具体的东西呈现给我们，呈现的东西为"未决定的对象"，也即其普遍性相没有表现出来。感性不能告诉我们此普遍的性相。普遍的性相，依《法华经》的词语，为前九如，此前九如为现象性的实相，科学所了解的都是现象性的实相，假如科学不能接触到实相，谁能相信科学？可是这些实相都是科学知识中的实相，非般若智所照之实相。科学中的实相就是现象性的实相，依康德，这要靠一种认知能力来决定之。什么是"决定了的对象"？一个对象，若决定了其量、质、关系这三方面的普遍性相，它便是决定了的对象。此三方面的普遍性相，都是属于现象性的实相。

感性只能呈现一物，不能决定一物。什么认知能力可以使我们决定一物而至决定出其普遍的性相呢？此即知性是。知性在康德为understanding。佛教方面讲第十如的空如实相讲得多，讲得充分，全部力量都用在此，前九如虽然知道，但只是摆出来，因其不是讲科学知识，故不似康德讲得那么严谨。由感性层、知性层详细讲，而且讲得那么有轨道，那么有法度，此为西方人的长处，东方人在这方面很差。佛教虽然提出也无正式积极地讲，就是中国儒、道两家虽不反对知识，但也没有把经验知识即所谓见闻之知之根据充分地展现出来，但此并不表示其反对见闻之知。故中国无科学传统，也无正式之知识论，因而东方之传统重点乃用力于非现象层次上，即第十如所表现的实相，至于前九如，则用力较差，就弱一点。西方如康德之哲学于前九如则讲得充分严谨，讲之有法度，有一定的轨道而成为学问。但于第十如则是消极的。

中国以前讲儒家、道家以及佛教，也讲得有一定的轨道、法度，并不能随便乱讲。依康德，要成一个学问，一定要有成学问之一定途径，有正当的轨道，有一定的法度，不能随便地想。这个观念也很重要，我们现在常说 academic（学院的），但却不懂什么是 academic。

康德对前九如方面，即现象性的普遍性相讲得很严谨，有充分的展示，也有一定的轨道。此分两层：一是感性层，一是知性层。由此两层的展示即足说明我们主观的表象所涉及的对象必须进一步成为决定了的对象，它才是充分客观化的对象，此时知识才有客观的意义。上次讲的是由感性层言主观的形式时间、空间，时间、空间使我们的主观的表象能涉及对象，而有客观的意义，而不是我们主观的幻想，但还是未决定的对象。要成为决定的对象，非靠知性不可。Understanding 译为知性，Sensibility 译为感性，Reason 译为理性。感性为接受之能力，接受外面的 given，即通过我们的五官来接受。知性为一种知解之能力，即把感性所呈现给我们的东西再进一步知解它，知解即下判断，下判断即可做成一个命题（proposition），即可以加概念。感性只是呈现一个东西给我们，并无对这个东西加以判断，没有做成判断就是没有对之加谓词。如这个粉笔是黄色的，即形成判断。此时我可以把黄色作为主词即粉笔之谓词（predicate），此要靠知性之能力来做的，故知性即知解之能力。康德也说知性之能力即判断之能力。知性即知解力，由此能成功知识。此与作为实践能力的意志相对。通常把 understanding 译为悟性，此不恰当。中国人使用"悟"字的意思很广泛。我们说颖悟，一个人悟性很强，记性很差。悟性常是指一般的聪明能力。中国人喜言"悟道"，这悟字不是指通常的了解，亦不是成就科学知识之知解能力之了解。了解在此无颜色，若当做认知能力看，它就是知性。

知性层为何能使主观的表象涉及的对象成为决定了的对象呢？知性之知解能力中唯一之作用就是形成或提出概念。感性接受一个东西，是在一种形式之下，即时间、空间形式之下接受，时间、空间为 subjective form、form of sensibility、form of sensible intuition，此不是概念，对于时间、空间，吾人只言形式，不言概念。西方哲学中到处有概念（concept）的字样。但我们须有确定的了解。我们大都只挂在口头上，不清楚概念的意义。一说概念，严格说当该依逻辑学中所言之概念而定其意义。一般口头上，观念、概念不一定有此严格的意义。逻辑学中的概念要下定义，以后有其内容（intension）与外延（extension），把内容与外延弄明白后才能成为概念，成一个概念就有客观性、普遍性，这才使人之思想可以沟通。譬如两个人要交换思想，必须先把自己心中所想的内容概念化才行，才可进一步讨论，否则只是些观念，不能称之为概念，也无法进行沟通。

故依逻辑讲，对于一个东西一定要通过定义才能成概念，定义不一定都对，可能会错，但错也错得清楚，可以讨论。故知性之唯一作用就在形成概念。一般说杯子是一概念就是就着杯子而形成概念，也即经抽象的手续而转成了概念，此概念依康德为经验的概念（empirical concept）。但康德讲知性是想进一步能使对象成为决定了的对象，则知性就不只是能形成经验的概念，且能先验地提供概念，此所提供的概念不是杯子这一类的经验概念，但也称为概念。概念好几层，它有很广泛的应用，杯子的概念是经验的概念。

知性的能力提供的概念，可以使对象成为决定了的对象，就是在量、质、关系方面都成了决定了的对象。这些概念是由知性本身所发出来的，不是经验的概念，故康德称之谓先验的概念，先乎经验而存在。要想成功杯子这个经验的概念，也需要这种先验概念作它的基本条件，所以这一类的概念不能再从经验来，先乎经验而有，而为一切经验底可能之条件。这是康德之思路。这些概念是形式性的概念，也称法则性的概念。经验的概念不是形式性的概念，也不是法则性的概念，而是有特殊内容的概念。这些形式性（formal）、法则性（lawful）的概念没有材料的内容。而知性就能提供这一类的概念。这一类的概念能决定粉笔底量、质与关系这些普遍的性相，而使它成为决定了的对象（determined object）。由这些概念所决定成的那些普遍性的性相不为杯子所限，而且可应用于一切现象，应用于全部的现象界，且能使感性所给的对象成为决定了的，因而成为客观的对象。

知性之知解能力之唯一作用，就是提供这些先验的形式性的概念，这些概念才能使对象成为决定的对象，由此才能成客观的知识。此只是笼统说。那么进一步问：知性是从什么线索上来使我们了解知性有如此这般的能力？凭空讲也不行，要有线索能确定地列出这些概念。经验概念数目无穷。世界上凡我接触到的对之都能形成概念（经验的概念），此则不能列举。但这些先验概念是可以列举的，有一定的数目。这就是康德在"概念底分解"中所做的事。

我们根据什么线索来把握知性的这一种能力呢？康德认为线索就是传统逻辑中之判断（judgement）。传统逻辑是先讲概念，然后讲判断，然后再讲推理。第一步讲概念，就是讲"名"（term）；第二步讲名与名之结合成一个判断，或名之曰命题（proposition）；最后进一步讲推理，即命题与命题之间的关系，此有直接推理与间接推理。直接推理即传统逻辑中的换质换位。间接推理即三段论法。

逻辑主要是讲推理；讲概念、判断，都是预备。逻辑为什么要接触到概念呢？因为传统的讲法，由日常生活中的知识概念开始，进一步再把这些概念底内容一步步抽掉，此即形式逻辑（formal logic）。传统逻辑最难讲，因其与知识论、存有论牵连在一起，都把人弄糊涂了。尤其现在学习高度科技化的符号逻辑的人，就愈讨厌这些东西。他们讨厌概念、判断、推理这些词语。尤其讨厌"理性"这一个词语。"理性"一词，对他们来说就是玄学词语。这就是现在人讲学问之心态。专家只会演算符号逻辑，电脑（computer）弄得很熟，因为电脑是根据符号逻辑而来。至于概念、判断、推理、内容、外延、本质这些都是哲学词语或形上学词语。他们讨厌这些东西。但是我们的平常思考都运用普通逻辑，可以说没有超出这个范围。每一概念代表一个概义，每一判断形成一个客观的知识。判断即表示知识，故康德以判断为线索，反省地了解知性的能力所提供的形式性的概念。康德拿逻辑中之十二个判断，作为发现形式概念、先验概念之线索，也即根据这些线索来发现知性底纯粹概念（pure concept），纯粹即无一点经验成分的夹杂在这里边。纯粹概念就是法则性的概念，这些一定是先验的。故就在知性能力本身这个地方找其发源地，找其出生地，但我们由知性能力处找就一定要有线索，此即逻辑中之判断。

逻辑中之判断有十二种，分成四类，每类有三目，故共有十二种判断或命题，如下：

$$
\text{I 量}\atop(\text{quantity})
\left\{
\begin{array}{l}
1.\ \text{全称命题（universal proposition）：凡 S 是 P}\\
2.\ \text{特称命题（particular proposition）：有 S 是 P}\\
3.\ \text{单称命题（singular proposition）：特指此 S 是 P}
\end{array}
\right.
$$

但在形式逻辑中，单称命题无独立的意义，可以化归于全称或特称，但以知识看，则三种是不同的。

$$
\text{II 质}\atop(\text{quality})
\left\{
\begin{array}{l}
1.\ \text{肯定命题（affirmative prop.）：S 是 P}\\
2.\ \text{否定命题（negative prop.）：S 不是 P}\\
3.\ \text{无定命题（indefinite prop.）：S 是 "非-P"}
\end{array}
\right.
$$

但在形式逻辑中，第三种无限或无定命题也无独立的意义，可由换质而化归于否定命题，否定与无定是互通的。但在知识上三种各有不同的意义。

$$
\text{III 关系}\atop(\text{relation})
\left\{
\begin{array}{l}
1.\ \text{主谓命题（predicative prop.）：S 是 P}\\
2.\ \text{假然（条件）命题（hypothetical prop.）：如 S 则 P}\\
3.\ \text{析取命题（disjunctive prop.）：或 S 或 P}
\end{array}
\right.
$$

$$
\text{IV 程态}\atop(\text{Modality})
\left\{
\begin{array}{l}
1.\ \text{或然的（problematic prop.）：今天或可下雨}\\
2.\ \text{实然的（assertoric prop.）：今天下雨}\\
3.\ \text{确然的（apodictic prop.）：今天定下雨}
\end{array}
\right.
$$

判断有这十二种，构成这些判断都需要形式概念，如全称肯定、全称否定、特称肯定、特称否定等等，都要靠 all、some、is、is not 这些字。关系判断则靠 "if...then" "either...or" 这些字。这些字在逻辑中之作用极大。这一类字罗素称之谓逻辑字（logic word），这些可以说是虚字，由此而构成逻辑句法（logical syntax），此如自然语言中之虚字。由于句法不同，遂形成各种推理，如定言推理、假言推理、析取推理等。构成逻辑句法的那些逻辑字，卡尔纳普（Carnap）名之曰"构成规律"（Rule of formation）。此句法与彼句法间之关系，即由前提达到结论之推理，例如三段推理，卡尔纳普称之为转形规律（rule of transformation），即如何能由这一句法转到另一句法之规律。逻辑字是我们的知性之逻辑运用所产生的形式概念，此等形式概念可名之曰逻辑学中的形式概念。康德即以此为线索来引生先验纯粹概念，即形式性法则性的概念，此则康德名之曰范畴，亦即超越逻辑中的存有论的形式概念。

故剖解知性之能力可以提出两套的形式概念，一套为逻辑之形式概念，此即一切、有些、是、不是、或、如果……则等。另一套即康德之范畴，为先验的纯粹概念，由西方哲学史来讲为存有论之形式概念。为什么称之为存有论的呢？因为传统之存有论正讲的这些概念。但没有人把这些概念收到知性能力上来讲。由知性能力来发现它们，是由康德开始的。但不管怎样讲法，存有论就是讲的这些概念。这些概念涉及对象，对对象有所决定，决定对象之量、质、关系等方面。康德由剖解知性而成的概念底分解就是要分解出存有论之形式性概念。对于形式逻辑中的那些形式概念，他没有讲，严格讲，分析得不太够。形式逻辑中的形式概念，对对象无所决定。现在人讲知识论或讲逻辑可以承认有些先在的概念，亦可以承认逻辑字所代表的虚概念可以由知性发，但康德所讲的范畴也从知性发，现代人不容易了解。

说存有论的概念如常体、因果、交互、一、多、综、实在、虚无、限制（范围）等也从知性发，他们不能赞成，认为这是主观主义。他们总认为因果性是客观的，故为实在论。但其实认为是主观的由休谟始，休谟批判因果性而认为不是客观的，其为客观的不能被证明，这是很严重的问题。康德就由休谟之致疑，遂把那些存有论的概念收于知性上讲，但不能承认休谟之习惯联想之说法。一般人不能了解，说之为主观主义。形式逻辑中的形式概念，逻辑字所示者，由知性发，很容易接受，由此可以引至实在论。但范畴也是由知性发，则不容易了解，由此就不能引至一般的实在论，如英美式的实在论，而却是引至康德之"经验的实在论"与"超越观念论"。

存有论的概念由知性发，此可名曰"知性之存有论性格"（ontological character of understanding）。形式逻辑中的形式概念由知性发，此可名曰"知性之逻辑性格"（logical character of understanding）。形式逻辑中之形式概念都是我们的思考之逻辑运作所形成，说它们都出自知性这是很容易被了解的。我们的思考活动都要遵守这些。它们并非天造地设的，不是摆在外边的现成物，故易接受。但知性要服从这些存有论的概念而且这些又是由知性本身发，此即知性之存有论性格，此则不易了解。

以前我就不懂，当时我写《认识心之批判》时，我就认为由形式逻辑中形成判断的那些逻辑字并不能跳到存有论的概念。康德也不说直接跳过来，他是把它们当做一个线索，做线索而可以引至这些存有论的概念。但也不是由线索直接引过来，要靠一个原则来说明，这就很困难很麻烦。因此当时我就单单分解知性之逻辑性格，而我单由此分析也可讲成一大套，因而可适应现在人的思想，也即实在论的思想，因当时我还未了解到知性之存有论性格。我以为这样我们可把实在与知性之形式概念分开使后者不担负过重，因此我不能赞同康德的"知识可能之条件即知识对象可能之条件"之主张。康德之这一主张即是"知性之存有论的性格"。

但我们现在要如何来了解知性之存有论性格呢？这不是一下子就可以了解的。

以逻辑判断为发现范畴之线索，此步工作在康德《纯理批判》之第二版修改文称之曰"范畴之形而上的推证"（metaphysical deduction of category），此类比时间、空间之形而上的解析（metaphysical exposition of space and time）。在此，"形而上"是借用语，形而上的解析或推证，意指这些东西是先验地有的，不是从经验来。凡是先验而有的东西，始可以给它形而上之解释或推证。推证（deduction）一般译为推演，在此译为推证。范畴不能由知性直接分解出来，必须要有线索，而且要有一个超越的原则，一步步才能推证到这个地方，证明其为先验地存于知性中，因此称此推证为形而上的推证。

譬如说在中国哲学中，孟子言性善的那个性，如孟子言："我固有之也，非由外铄我也。"这个"性"是先验而有的，对于这样先验而有的心性可作形而上的解释，说明其为先验而内在的。对王阳明所说之良知也可作形而上的解释，即说明良知之先验性、本有性。王阳明之言良知有种种说法，我们可以把这些话头分开看看哪一类话是形而上的解释，哪一类话是超越的解释（transcendental exposition）。康德对于时间、空间既有形而上的解释，又有超越的解释。有这些词语的使用可使我们对中国哲学中的重要概念有恰当的了解。超越的解释是说明：如是这般先验而有的时间、空间对现象，对数学知识有何作用？以中国的词语，超越的解析是用的解析，形而上的解析是体的解析。对范畴也是如此，形而上的推证是说明其先验而有，非由经验而来；超越的推证则说明如此这般先验而有的范畴，对我们的知识、我们知识的对象（现象）有些什么决定性的作用。故对范畴有两种推证，一个是形而上的，一个是超越的，形而上的推证是体，超越的推证是用。康德说明范畴有这两个推证。这两个推证被做成，则知性之存有论的性格即完成。但这存有论的性格却很难了解，好像是服人之口不足以服人之心。我以前就不能了解，近年来我才渐渐了解。我首先说明我们的知性之逻辑的性格，然后再进一步说明其存有论的性格。知性之存有论性格是很难了解的。这牵涉非常多，而且很深奥，也牵涉到康德之现象与物自身之意义等，这些都要了解才能了解知性之存有论性格，凭空讲一定不能了解，一定是实在论，一定斥康德是主观主义。假如能了解佛教的识与智之对翻以及不相应行法，则对知性之存有论的性格就比较容易了解、把握。单依西方传统，不易了解。故康德哲学影响那么大，没有人不读，但却很少人能赞成他，承认他。他的知性之存有论的性格此一主张很难令人信服，即服人之口不能服人之心，尤其现在人不了解康德，都反对康德，由此就可知这里边之困难。康德真有见识（insight），康德讲这一套真有其哲学的洞见（philosophical insight），普通凭空绝不能想到这里，所以我们都了解错了。这里我把眉目、疑难与障碍大略提出来，以期能有真正的了解。我在《现象与物自身》一书中有详细而浃洽贯通的表述。

第十一讲

范畴之发现：知性之逻辑的性格与存有论的性格

由知性我们可以发现一些先验概念来决定对象，决定感性给我们的现象。我们怎么来发现这些先验概念？以什么作线索呢？由普通逻辑中的判断作线索。传统的讲法，判断分成四类，每类下有三目，故共有十二种判断，不过那只是逻辑中的判断。每一判断皆由逻辑字而构成。由这些逻辑字作线索，可以引到先验概念即范畴。

譬如说由量的判断有三种：全称、特称（偏称）、单称等，构成全称判断的逻辑字为一切（all），特称的为有些（some），单称的为一个（a，an）。一切、有些、一个这些都是属于量的逻辑字，这些逻辑字不一定与存在有牵连，而完全是我们逻辑思考中的运用，此完全是虚的，与所述的对象无关。由此等逻辑字，通过一超越的原则，可以引申出知性中的先验概念，康德称为范畴，也即纯粹概念（pure concept）。由全称判断引申出"总体性"（totality），由特称判断引申出"众多性"（plurality），由单称判断引申出"单一性"（singularity），这些是量方面的范畴，即总体、众多、单一、简称一、多、总。这些量方面的范畴、先验概念，一定涉及对象，对对象有所决定，决定的是其量方面的普遍性相。每一个东西都有量的一面，决定"对象之量"的范畴，以哲学词语言之，即为存有论的概念（ontological concept）之属于量者。这些是实的，此不能当做逻辑字看，逻辑字是虚的。我们知道外在的对象大体有量、质、关系等三方面的性质，这些都是存有论的概念所决定的。

质方面的逻辑判断有肯定、否定、无定等。肯定命题的逻辑字为"是"，否定命题的为"不是"，无定命题的为"是非 a"（负 a）。与之相对的范畴，也即引生出来的先验概念，为实在性（reality）、虚无性（negation，nothing）、限制性（limitation）三概念。限制性代表一个由实在与虚无之间所成的存在之限制。此三种为质的范畴。此三种存有论的概念，对对象之"质"有所决定。第三种为关系方面的，这方面的逻辑判断有主谓、条件、析取等三种命题。由主谓的谓述命题（亦称定然命题）引发"本体属性"的范畴。主词（subject）、谓词（predicate）为逻辑字，逻辑字只是构造句法的方便字。但由主词引发到本体（substance），本体为存有论的概念，有本体就有属性（attribute），谓词与属性又不太一样，但两者常相呼应，吾人言本体一定有隶属于本体的东西。条件命题（conditional proposition），其式为"如果……则"（if...then），也称假然命题。"如果……则"为最重要之逻辑字，由"如果……则"

之逻辑字引发到因果性（causality）之存有论概念。还有析取命题
（either...or），亦称选替命题，由此引发到"交互性"之存有论概
念。除以上量、质、关系三类外，还有一类名曰程态判断，此即或
然、实然、确然，由此而引申出可能不可能、存在不存在、必然与
偶然三种程态范畴，此则与前三类不同层次。兹把此四类整理列表
如下：

	判断（命题）	逻辑字	范畴
Ⅰ量：	全称	凡（all）	总体性
	特称	有些（some）	众多性
	单称	一（a or an）	单一性
Ⅱ质：	肯定	是A（is A）	实在性
	否定	不是A（is not A）	虚无性
	无定	是非A（is "non-A"）	限制性
Ⅲ关系：	主谓	（subject，predicate）	本体属性
	条件	如果……则（if...then）	因果性
	析取	……或……（either...or）	交互性
Ⅳ程态：	或然	（problematic）	可能、不可能
	实然	（assertoric）	存在、不存在
	确然	（apodeictic）	必然、偶然

要了解逻辑字与存有论概念之不同，例如主谓式命题，不管其
主词谓词的内容，只管主词谓词的关系形式，由此引发本体与属
性之范畴。本体意即不管是什么东西它后面总有基体（substance，
substratum）来支持，在外部现象界大体是物质本体（material
substance）。其次如条件关系命题的"如果……则"（if...then），
这个逻辑字对对象方面没有态度，把其内容完全抽掉，而回到思想

运用的程序或方式本身，由此而构成纯形式的推理，这就是形式逻辑（formal logic）。这种发展是一了不起的大事，还要高度的抽象思考。由亚里士多德开始，西方人在此方面很有成就而达到很高的境界。中国人在这方面很差，因为要了解这些要有抽象的头脑，中国人在此方面的兴趣不高，因中国人的思考大体是取具体的方式。形式逻辑看起来枯燥无味，好像没有什么道理，其实大有道理。

由条件 if...then 之 if 这逻辑字而引发存有论的概念 cause（原因），由 then 引发 effect（结果）。但在逻辑中之 if 只指表一个根据（ground）或理由（reason），then 则指表一个归结（consequence），故 if...then 之间的关系为根据归结（ground-consequence）之逻辑关系，亦称"因果关系"；而由此引发原因与结果之存有论的概念，这却是指表一物理的关系或事实的关系（physical or factual relation）。这两种关系是完全不同的，这种分别对我们的思考很有帮助。

"如果……则……"，如果有什么，则有什么，此只表示"如……则"之逻辑关系，而如果的成立不成立是另一个问题。这种词语在中国的经典常常出现。如《庄子》就有许多这一类的话，《秋水篇》中："以道观之，物无贵贱；以人观之，自贵而相贱；自大观之，天地莫不大；自小观之，天地莫不小。"这"观"字就相当于假然或条件命题，究竟取不取这观点则不管，因这只表示逻辑关系而非表示事实关系。

至于因果关系则为原因与结果间之物理事实关系，例如"吃砒霜则死"是因果关系，有吃砒霜之行动，砒霜就产生致人于死之结果。那砒霜有一种力量可以致人于死。还有泼水熄火之因果关系，泼了水，水就有消灭火的力量，此为物理关系，而与逻辑的假然条件的关系完全不同，故因果关系或因果概念为涉及存在的存有论之概念。

还有 either...or，p or q（或 p 或 q）中之"或"字也是符号逻辑中最重要的逻辑字。以"or"连接起来就表示两个东西可以共在，此称为析取（disjunction）。p or q 之逻辑关系有三个真假可能：p、q 同真，p 假而 q 真，p 真而 q 假。但不能有 p、q 同假。析取本身的意义总是有这三个可能，此称为相容的（不矛盾的）析取。但有时两端相矛盾者亦可对之说或此或彼，此则只有 p 真 q 假，p 假 q 真，但不能有 p、q 同真或 p、q 同假，如对 A 与 O 两者或 E 与 I 两者说"或"即是如此，此则为矛盾的（不相容的）析取。但只就析取本身而言，则总是相容的析取。又"与"（and）字表示絜和（conjunction），其真假可能只有一个，必须两个同真并存，不能拆开，但 p or q 是表示两者可以拆开而不连在一起。因此由析取关系可以引发"交互"这个概念，由交互决定共在（coexistence），互相共在而成一团是由"交互"这个范畴而来的，无此范畴，"世界"的概念就不能成立。

如上所举的例子，由形式逻辑的逻辑字而引发存有论的概念，这些概念对对象有所事事，因为要决定对象，故称之为存有论的概念。西方传统之存有论的内容大都讨论这些，如本体、属性、时间、空间等。但康德把其分成感性与知性两层。时间、空间归为感性的形式，而存有论的概念则归属于知性，康德就是对传统的存有论所讨论的那些概念，经过一番批判与整理，而发现其出生地就在知性。

关系方面引发本体属性、因果、交互这三个范畴，其中最重要的是因果范畴，因为康德之目的乃为了答复休谟对因果律的怀疑而来。康德费了那么大的工夫来建立范畴的系统，其注重点即在解答因果问题。

第四类的程态范畴也根据逻辑中程态命题即表示或然、实然、确然的命题而来。由逻辑程态判断中之或然、实然与确然变成存有论的概念，即为"可能不可能""存在不存在"，以及"必然与偶然"，此六个通称程态范畴。此属于程态之范畴是对于知识判断之系词（copula）有所评估，对对象本身之内容无所涉及。与前三类不一样，层次不同，性质也较特殊，为更高一层、更虚一层的范畴。

故康德之十二个范畴严格讲只有九个，量三个，质三个，关系三个，而最重要的是因果范畴，因其主要目的乃为了解答因果问题。这些存有论的概念是知性本身所提供，不能由经验而来，若由经验而来就不能称为纯粹概念（pure concept）或先验的概念（apriori concept），此已由休谟告诉我们，由经验都不能证明因果律，原因与结果乃由我们的想象加上去的。我们看不到一个东西叫做原因。原因依罗素为描述词（descriptive term），而不是指物词，只是描述一种状态，如生死。不像杯子那样是指物词，生死不是指物词，因没有一个东西叫生或死。故维特根斯坦说过一句很漂亮的话：人天天怕死，但其实没有人过过死。我们都是过着生活，不是过着死。既没有过过死，则怕死严格说来是没有对象可怕的。"死"不是指物名，乃是描写一种状态。如此这般的状态，我们把它总起来，姑妄言之曰生曰死。姑妄言之，康德正式说这是我们的思想加上去的，综合上去的，并不能由诸状态概念分析出来。

什么是描述状态？依传统的讲法，"吃砒霜死"是因砒霜有秘密的力量，可致人于死，但休谟认为根本无此秘密的力量，我们对此秘密之力量并无印象（no impression），因而也无知觉（no perception），故秘密之力量是假的，是虚妄的概念。能产生某种结果之力量没有了，找不到了，于是原因变成一种状态，死也是一种状态。吃砒霜为一件事，结果产生与我们肠胃不谐调相冲突的状态，于是胃肠破坏而死，死岂不是一种描述词吗？此描述词不是指物词，指物词依罗素为个体名，称之谓完整符（complete symbol），描述词则无独立性而可以拆掉，称为不完整符（incomplete symbol）。生死这一类的概念都是这样的。休谟乃由经验主义的立场把因果关系破坏而成了怀疑论、虚无主义。可是若无因果关系，经验知识（科学知识）就变成毫无根据了。康德说的那一套乃为了说明经验知识之可能性，而救住并保住了科学知识。以逻辑分析的立场，因果生死是描述词，是不完整符，结果可以拆掉。但休谟说这些乃由主观之想象、联想、习惯加上去的，由主观的想象联想加上去的一转不就是康德的先验综合吗？而这个加上去的综合既非由经验而来的，故为先验的综合（apriori synthesis），盖因果关系不但不能从经验找到根据，得到证明，反而被消解被瓦解，休谟以心理学的主观联想来解释因果关系的来源，而康德则以知性的先验综合为其根源。

依康德，因果常体等这些存有论的概念所代表的综合都是先验的（apriori），都是我们的知性活动所加上去的，这个想法很有意义。这样康德的这一套思想不是与休谟一样了吗？其实不一样，休谟是发端，纯为主观的讲法，视因果法则完全为主观之虚构（subjective fiction），那才是完全的主观主义，而以因果间之必然性只是主观的必然性，没有客观的必然性，没有理性上的根据。康德言先验的综合，似乎与休谟差不多，故康德很重视休谟，虽然康德不赞成他由习惯联想而来的经验的说明，但是他思想的方向是由休谟转过来的，而康德要从知性的概念上证明因果之联系有客观的必然性，这样的必然性是客观的必然性，这就不是休谟的心理主义对因果关系的看法。休谟与康德的思想之主要脉络是如此，轻重差异之处要弄清楚。

这样在发现存有论概念之过程中，一方面为逻辑字，一方面是存有论的概念，这两套可互相平行，但不能同一化（identify），故康德也只以逻辑命题为线索，再依知识论的超越原则而引到范畴。因范畴之出生地是知性本身，故这种概念有综合性，也有客观必然性，因这种概念为纯粹性的、先验性的。

十二范畴，量方面有单一性、众多性、总体性，质方面有实在性、虚无性、限制性，关系方面有本体属性、因果、交互，程态方面有可能不可能、存在不存在、偶然与必然。此四类的概念是涉及存在的，对存在有所决定。当使用每一个纯粹概念去决定现象时，现象就有此概念所决定成的定相，当以纯粹概念、存有论的概念，去决定杯子的时候，由杯子来说，杯子就有由这个概念决定出来的定相。这是落在杯子上来说。此定相如何来的呢？此乃由存有论的概念来对杯子所成之决定，以存有论之概念去决定它，它才有这个定相。我们分析地说，生死等乃是一种描述状态，我们把其总起来谓某某为原因，某某为结果。但若从知性底超越活动而言，事物之原因相乃根据原因这个概念而决定成的现象方面的定相，所以康德最喜欢用决定（determination）这个字。决定即以存有论概念去决定之，以哪一个概念去决定，现象就有哪一方面之定相，所以康德之determination若落实于现象上说，可译为定相。

在此，佛教言"相"，遍计所执相。唯识宗言三性，依他起性、遍计所执性、圆成实性。遍计所执性乃就执相讲，八识中任何一识皆有执着性。遍计所执性，遍是周遍，计是计度衡量的意思，此乃特就第六识说，第六识才有遍就一切现象加以计度衡量而执着之特性。识有此执着性，它所执着成的就是相，所以由主体方面言，说识之执性，由所执方面言，说所执相。佛教言"相无自性性"，定相是一种执着，依康德乃由存有论之概念决定而决定成的，若存有论的概念拉掉了，定相就没有了，此即佛教所言之相无自性性，相之特性即"无自性"，意即它是没有自性的，纯是虚妄。若有自性，就不能去掉了。这是佛教的词语，这与康德所说的定相，由先验概念而成的定相，只适用于现象，不适用于物自身，意思是相通的，可是两者所引起的心理反应大不相同，其实是一样的，换换词语罢了。

由遍计执言"相无自性性"，就依他起性说"生无自性性"。依他起就是言一切东西依因待缘而生，依靠旁的东西而生起，那生起之生无自性，故依他起乃单就生而言，也可说单就因果而言。如前所说，生是一种状态之描述，说实了，是不可理解的，故《中观论》云："诸法不自生，亦不自他生，不共不无因，是故知无生。"此即为"生无自性性"。生灭都是一种执着。因此，生灭、常断、一异、来去，都是执相，都可以说是"无自性"的相。这些定相是怎样来的呢？根据康德来了解，是通过存有论概念或范畴之决定而成的，在佛教则是属于"不相应行法"的。不但是生、灭、常、断等，即现象之性、相、体、力、作、因、缘、果、报等也是些定相，凡此俱在康德所说的范畴与时间、空间之范围内。在此佛教可以帮助我们了解康德，康德的说法太生硬，佛教较有黏合性。因、果、生、死都是描述词，都是罗素所谓之不完整符（incomplete symbol），可以拆掉，但康德并不言可以拆掉，他并无此思想，但他说这些概念只能应用到现象上去，不能应用到现象以外的 noumena 如物自身。因为我们只对现象有知识，对于物自身无知识。康德是要说明科学知识所以可能之根据的。他以为科学知识是一定的，他不像儒、释、道三教那样，视科学知识为可进退的，可以让它有，也可以让它无。如果需要它，它就有，不需要它，它就没有，此是东方人的思想，康德则不能说它可以没有。人类的知识是定然如此的，那些存有论的概念在哪方面可以应用，在哪方面不能应用。可以应用处就有知识，不能应用处就无知识。有知识处就有现象，没有现象就是没有科学知识。在西方人看，科学知识是一定的，不能说它可以进退。但中国人不这样看，就是西方人也不完全这样看，如第十七世纪的莱布尼茨就视科学知识为 confused perception，这个名词也很令现代人吃惊。依东方思想如佛教，在什么情形下可以把它拆掉呢？曰：在般若智观照之下，即可把它拆掉。即是说，般若智一呈现它就没有了，即在实相般若呈现之下它就没有了。实相般若智照诸法实相，"实相一相所谓无相即是如相"，在这个境界，范畴没有了，遍计所执的那些定相也没有了。可是因为康德思想中无般若智一观念，康德不承认人类有"智的直觉"（此相当于般若智），所以他不能说人可以去掉识知，去掉范畴乃至范畴所决定之定相。可是佛教就是要讲般若智，要转识成智。讲唯识，讲八识，并不是要肯定它，而是要转化它，不转化它怎么能成佛呢？转识成智你才能成佛，否则你是在生死海中头出头没，因为那是无明。这个思想在东方人是家常便饭，就是在儒、道两家也很容易了解。西方人没有这个思想，西方人听见这些真是闻所未闻，此即东西文化之不同所在，根本差异之处。

康德所言之感性、知性乃至于理性（思辨的理性），在佛教言都是属于识，但依西方人看来人类就这样，怎么转呢？转之使其成为非人吗？可怕得很，不能转。但中国人在佛教就要转识成智。儒家王阳明讲良知，在良知处，这些也就没有了。为什么不能超转呢？西方没有转的观念，没有般若智之观念，也没有实相般若的观念。般若智这种智在康德的系统是什么呢？在他的系统即属于智的直觉（intellectual intuition）。康德不承认人类有此"智的直觉"，他认为人所具有的直觉都是感性的（sensible），哪里会有非感性的直觉呢？上帝才有这种智的直觉。他把这种直觉以及这种直觉之境界，摆在上帝那里，但东方人则认为人类就有，摆在我这里，这也是大差别点。我没有转的时候，康德所说的都对，我们的直觉都是感性的，但当转识成智的时候，在实相般若的时候，那感性的直觉就转成智的直觉。智的直觉通过我们的修行，可呈现到我们人类的心灵来，假如不能呈现，我们怎么能成佛，成佛根本不可能，这不是成了个重要的问题吗？假如说成佛不可能，我们没有般若智，这样佛教非跟你打架不可，这不是成了重要的论点吗？

照康德之说法，我们只有感性的直觉而无智的直觉。所以照他看来你们东方人所想的都是妄想。究竟中国人想的是不是都是妄想呢？

因为佛教有实相般若，在般若智之观照之下，照察诸法实相，什么是实相？实相就是一相，一相就是无相，无相就是如相，这个如相之境界，实相般若能朗然呈现之，此在康德之系统就是"物之在其自己"（thing in itself），所以以前译物自身为"物如"是很对的。依康德，在物自身处无时间、空间相，时间、空间不是物自身之条件。物自身也没有十二范畴之定相，因为范畴也不可能在这里应用，所以物自身也就无这些定相了，此即"实相一相所谓无相即是如相"。可是在佛教言，此如相是朗然在目，但在康德只是彼岸，那根本不可知。有感性、时间、空间、范畴等才有知识，这是科学知识、经验知识。所以在康德承认人类只有一种知识，此即经验知识（empirical knowledge）、科学知识（scientific knowledge）；而中国人则承认有两种知识。佛教在《维摩诘经》有："不可以智知，不可以识识。"识知即科学知识，"以识识"就是可以用我们的识去了别的。实相就是以般若智来照察的。《维摩诘经》还有另一个境界，在不二法门时，识知固没有，即智知也没有。此并不是反对般若，只是一如而已。由此可知佛教承认有两种知识，即智知与识知。康德只承认一种，即识知。在儒家也承认有两种，即见闻之知与德性之知。在道家也承认有两种，即"为学日益，为道日损"，为学与为道之知根本不同。依康德，智知在上帝才有，人类没有。但佛教认为般若智可照察诸法实相，实相一相所谓无相即是如相，所以《中观论》所言之"不生亦不灭，不常亦不断，不一亦不异，不来亦不去"，此即缘起八不，此乃就缘起法讲。若就缘起法而言，当该是"有生有灭，有常有断，有来有去，有一有异"，但为何又言八不呢？这不是互相矛盾吗？至少也是吊诡。《中观论》开头就说八不缘起，就缘起法而能说"不生不灭，不常不断，不一不异，不来不去"，此是在般若智之下说的话，若般若智不呈现，在识的作用下，正好是"有生有灭，有常有断，有一有异，有来有去"。那么"生、灭、常、断、一、异、来、去"这八相，即八种执相，即偏计执所执成之定相，根本就是相无自性性，故般若智一照，那些相都没有了。那么那八相能不能脱离康德所讲之时间、空间与十二范畴所决定之范围呢？不能脱离的。就生灭言，没有时间怎么有生灭呢？因果这个关系如不在时间内怎么可能呢？时间在康德系统内是多么重要！一切都要在时间内表象，时间是其底子。生灭常断，常就是本体、常住，断就是虚无（negation）。一异来去，一是单一性或同一性，异是众多性或差别性，来去为运动相，运动不能离开时空。假如肯定八相，这是在现象范围内的识知之事，而实相般若则把它们化掉。在此，时间、空间、十二范畴以及定相也没有了。

十二范畴即康德在知性处所发现的先验的概念、存有论的概念，这些概念之作用，就在决定这些定相，我们就通过这些定相来了解外物。每一个定相就是 determination，每一个 determination 就是代表一个普遍的征相（universal characteristic）。本体可以决定杯子常住不变，任何东西都有其常住性。至于量性、实在性、虚无性、因果性等等都是一些普遍的征象。

由此说明就可看出范畴之作用唯在成功定相。这一步发现范畴之工作就称为对范畴之形而上的推证（metaphysical deduction of category），形而上的推证就是类比"时间、空间之形而上之解释"而言的。形而上的推证是说明这些概念是先验而有的，不是从经验来的。凡是先验的东西才可以有形而上的推证，不是先验的就不能有形而上之推证。这一步工作是发现范畴之线索里的工作，称为形而上之推证。其意即说明范畴之存有是先验而有，此即范畴之先验性的说明，即说明范畴如何出现，如何实有于吾人之知性中。我在这里说明其大意，其内容很复杂，里边有些可商讨考量之问题，如逻辑之十二判断有无必然性，是否可作为寻找范畴之线索等等。

下次言范畴之超越的推证，此乃类比于"时间、空间之超越的解释"而言的，也即是范畴之用的解释。形而上推证是范畴之体的推证。范畴之超越的推证是范畴之用的推证，此就是说明我们如此发现之存有论概念、范畴，如何可应用到现象上来，如何落实下来，而有客观的妥效性（objective validity）。因为这些概念是由知性发出来的，不是感性给予一现象这种"感性给予"之条件。感性是在时空条件下给予一现象，但不在这些概念下给予一现象。那么这种纯粹概念如何能应用到由感性而来的现象上去？这上一层的东西如何能落实下来呢？这是康德《分解部》最精彩的一章。当时他写这一章最费力气，因从来无人做这一步工作，第二版重新写，其意思大体与第一版相同，但比较更谨严而完整。

但为什么要作这超越的推证呢？就是为了讲现象与物自身之意义与分别。他在此推证里，由主体讲我们感性的直觉与上帝之智的直觉相对比，我们的辨解的知性（discursive understanding）与上帝之直觉的知性（intuitive understanding）相对比，这是由主体方面之能力来做对比。至于主体之对象即是现象与物自身，这些都是与主体机能互相对应的。讲了这些大概就可以了解康德之主要精神。

东方人对这套义理，儒、释、道三家有什么看法？这些义理就是"一心开二门"；这个架子落实就是康德的经验实在论与超越观念论。这样意义之"一心开二门"才能与中国哲学相会合。

第十二讲

范畴之形而上的推证与超越的推证

范畴之形而上的推证（metaphysical deduction of category）表示范畴之先验性，先验地存有于吾人之知性中，其出生地在知性本身；进一步言范畴之超越的推证（transcendental deduction of category）。"推证"亦言"推述"，此非逻辑三段推理中之演绎，乃法院推事之推，也有证明的意思，故言推证。超越的推证则在证明范畴如何有客观的实在性（objective reality）或客观妥效性（objective validity）。法院之推事审查你申请一个要求，先看看此要求在法理上有无根据，若无，则此要求就被取消。范畴本由纯粹知性发，它如何能有客观妥效性？这需要推证。此正如推证一个要求是否在法理上有根据。

所以问题即在：由知性发的纯粹概念如何能有客观的妥效性？为什么有这个问题呢？此有个理由，因为知性之作用是思考对象，思考就是 thought、thinking。思考的对象是感性给我们的，对象呈现给我们是要通过感性的，感性呈现对象给我们是在时间、空间之形式下呈现给我们，并不是在范畴之条件下呈现给我们。既然不在范畴之条件下呈现给我，那么呈现给我的东西可以不接受范畴之决定，你决定是决定，它不接受怎么办？

这样范畴与对象间的关系是拉开了。既然拉开了，这个现象很可以有这样的构造，即那些范畴没有一个能用得上，那怎么办呢？如本体属性这个概念也用不上，原因结果这个概念也用不上，它的构造就很特别古怪，就似有魔鬼捣乱一样，看看原因结果这个概念可以套上，但一会儿又套不上。呈现给我们的对象很可以是乱七八糟的，也很可以是有秩序的，但那个秩序也可以不是合乎我们范畴的秩序，那么这个范畴的秩序也可以用不上。换言之，感性的直觉作用与由知性发出之思考的作用，这两个作用拉开了，此即表示此两者是完全不同性质的，完全是异质的，因为完全是异质的所以才有这个问题，即：由知性提供的纯粹概念如何能落实下来，落到这个粉笔上？落下来就有客观实在性，也即有客观妥效性。假如落不下来，尽管说它们是由主体而发，那也只是空观念，只在脑子里边，落不下来就没有用，所以问题即这些由知性发的纯粹概念如何能落实，能落实才有客观妥效性。因为有这个问题才需要有推证，此为超越的推证（transcendental deduction）之工作。

如何说超越？因这些概念乃先验地为知性所发，非由经验而来，所以我们要给它推证，这推证不能诉诸经验，以经验来说明是不行的。譬如说对这些概念也可由经验来说明，这些纯粹概念似乎由经验上来看也可以看到征兆一样，也可以看到一些样子，洛克（经验主义的祖师）就是做这个工作，他通过反省（reflection）的方法，由简单的观念一个一个连起来一直到抽象的概念如本体属性、因果、量等等，这些抽象概念，他都可以通过经验的根源来说明。但康德说你这经验的说明不是它合法权利的推证，这只是说在经验中可以找到一个例子，可以找到例子就表示这些东西早已经有了，所以此不能算是超越的推证。而且由经验上来说明，到休谟一出来，他就顺着这个路子，他说因果不能被证明，他说本体、属性、因果这些抽象概念不能由经验来说明，由经验找不到的，就被推翻了。所以这个问题不能以经验的说明来代替超越的推证。假如有推证，那一定是超越的，因为这些概念是先验地出现的，先验地存有于知性中。假如是由经验而来才可以作经验的说明。不是从经验来，所以推证一定是超越的，即推一推如何证明它可以落实，如何可以落实到感性所呈现给我的粉笔上。要能落实，这些先验概念必须被视为是经验可能之条件。我们了解一个对象由感性起，这就是经验。感性把粉笔呈现给我，通过感性我们才对粉笔有一点知识，此称经验的知识（empirical knowledge）。例如说粉笔是圆锥形的，是白色的等等，这就是所谓经验（experience），经验就是经验知识，每一个经验就是一个经验知识。经验知识如何可能？它所以可能一定要靠一些条件。经验知识所以可能之条件即经验所以可能之条件。简言之，要成一个经验知识，要成一个客观知识，除需要有一个东西在时间、空间条件下呈现给我以外，还一定要在范畴这些先验纯粹概念之条件下才能完成一个经验，才能成立经验知识即客观知识。假如不在范畴之条件下，经验可以不代表客观知识，如心理上的经验，如问你对一件事有何观感，你说我昨天晚上做梦，梦见了地球要崩溃，这是我对于地球的经验，你这类经验纯粹是心理的（Psychological），不能代表客观知识。还有些心理的经验，如问你：你看到了上帝没有？有，我昨天晚上看到，这种经验是心理经验，此不能代表客观知识。康德说经验即经验知识，而经验知识就是科学知识，一说知识就有客观意义，而知识之所以能有客观性一定要靠这些纯粹概念（范畴）所代表的形式条件。

简言之，问题就是，这些形式条件如何落实？答复是，必须把这些形式概念视为经验可能之条件。当说经验可能性之条件的时候，康德还加上一句话，"经验可能性之条件同时就是经验对象可能性之条件"，此两者是拆不开的，合在一起的，即这些条件主观地讲，形成我们的知识之条件，同时客观地讲，也是经验所知道的对象之成其为对象之条件，这条件是两头通的。这句话一般人听起来不很高兴。我们可以先把其分开，经验可能性之条件不一定是经验对象可能性之条件，但康德却不分开，所以这句话，若不完全了解其全部的意义，你马上就起怀疑，说这句话成问题，我不能赞成，因为这句话也是我们平常说"康德的主张是主观主义"之根据，所以凭空孤立地看这句话是不行的。

我前说知性有两套概念，一套是逻辑中的形式概念，也就是逻辑字，另一套就是存有论的概念，就是范畴。康德说经验可能性之条件即经验对象可能性之条件，就是指这些存有论的概念讲。假定讲形而上的推证的时候，我们由知性直接所首先发现的是纯粹逻辑

中的形式概念，此不同于存有论概念即范畴，那么就是说我们发现
不到范畴。而逻辑中的形式概念只可以说是经验可能性之条件，
并非经验对象可能性之条件。这一点需注意。如 all、some、or、
if...then、is、is not 等这些逻辑字是造成逻辑句法的虚字。但本体属
性、因果、真实、虚无等这些是存有论性的概念，这些是涉及存在
的。所以当该有两套。依逻辑字那一套讲就是实在论，经验可能性
之条件不是经验对象可能性之条件，这是可以拉开的。我的《认识
心的批判》就是充分说明这一义。当时我不能了解知性之存有论性
格。知性有两种性格，康德所讲的是知性之存有论性格。假定只照
逻辑字讲，是知性之逻辑性格（logical character of understanding）。
我依照逻辑字，我才能作逻辑的思考活动。我之思考活动本身之条
件并不一定是我所思考的对象之可能性之条件，这两者不是分开了
吗？我的思考活动要遵守同一律、矛盾律、排中律，这些都是逻辑
法则，不管我是思考什么东西。但我总不能说我思考活动本身可能
性之条件同时就是我所思考的对象底可能性之条件，这两者不一样，
所以知性有这样的两种性格。知性的逻辑性格容易了解，存有论性
格不好了解。但这是康德建立其全部系统的"关键"，而这个"关
键"一般人都把握不住，所以觉得他每一句话都成问题。事实上若
完全通透了解这个"关键"，那么他的每一句话一点问题都没有。

　　范畴既然是存有论的概念，而从知性本身发，那么知性具有存
有论的性格这是很自然的，问题是：此存有论性格如何来了解？如
何使我们信服？既然有此性格，则经验可能性之条件同时即是经验
对象可能性之条件，这是可以说的。换言之，我们要完成经验知

识，固然要在这些条件之下，而经验知识的对象也要同样在这些条件之下才能成其为对象。这个主张背后实有一个"识见"在支持。但是这个识见，只是从康德本人的一大部书里不容易看出来。全部内容通透了以后，自然可以看出，但在其辩说的过程中很难看出，好像是服人之口不能服人之心，所以康德之哲学很难了解的原因就在这里。康德哲学在这两百多年间，没有人不念他的哲学，但完全了解他的人究竟很少，最后的关键就在这个地方，就是在这个"识见"。初看，经验可能性之条件与经验对象可能性之条件，本来是不同的，但在他是相同的。这种条件一定是必要的条件（necessary condition），不可缺少的（indispensable）。此必要的条件不同于充足的条件。"无之必不然"此指必要的条件。"有之即然"是指充足的条件。有了它就行，并不表示没有它不行，没有它不行亦不表示有它就行。我们说经验时，就有些条件在那里使之可能；说经验知识的对象时，这些条件亦在这里使之可能。知识可能之条件即是知识对象可能之条件，这是超越的推证之最后的结论。知性是高一层的，感性是低一层的。感性与知性之活动完全不同，感性呈现给我东西是在时间、空间的条件下呈现之，并不在范畴之条件下呈现之，也不需要在范畴之条件下呈现之。这样就拉开了。开始时是为了说明为什么需要超越的推证这一步工作，所以才这样拉开，这拉开似乎煞有介事。拉开的时候，知识与知识对象底条件很可不同一。因此，知性概念亦不必能落实而为知识对象之条件，因而就可以有如何落实之问题。既有此问题，就需要解决，需要我作推证的说明。为了要说明这个问题，为了需要这个推证，所以才有这样的拉开之表达上的工巧。他这样说这个问题是完全客观地讲，即，知性的这些概念如何能落实？他的答复是它们是经验可能性之条件，这是就这问题的客观面讲。但他要使这答复真正可理解，只有这样客观地讲，形式地讲是太抽象，故需具体一点讲。具体地讲，由知性本身的活动底可能性以及其还要靠旁的认知机能之帮助，才能做到那个最后的答复所说的主张：经验可能性之条件就是经验对象可能性之条件。那么知性本身的作用是思考（thought），所使用的是概念，故知性作用的思考都有客观的意义。假定不使用概念来思，就是胡思乱想，不是思想（thought），就没有客观的意义。知性底作用是思，思考底可能性还要靠别的认知机能来帮助才能逐步落实。这样进一步具体地说，康德称之为推证之主观面的工作，这面也是必然的工作，但因牵涉到心理学的成分，故容许有不同意见的表达，尽管有不同意见的表达，大体也非如此不可。知性是我们认知的机能。知性之"思"严格讲是统思。它有概括性，它拿这些概念不只思考这个而且可以用来思全部现象界。故康德一转就称为统觉底综合作用。说知性（understanding）是一般的说法，而知性之特殊作用就是统觉（apperception）。一说统觉，就有综合作用。知性以法则性的概念去思考对象，就是把一切现象综合在这些概念之下。这样去思考就是统觉，所以统觉就是知性之殊用。此称为统觉之综合统一之作用。由统觉之综合统一作用，康德就引出笛卡尔之"我思故我在"（I think therefore I am）。此"我"又称超越的我（transcendental ego）。统觉又称超越的统觉（transcendental apperception）。那个超越的我即逻辑的我。笛卡尔说："我思故我在。"康德说通过我思而引出的"我在"（我之存在），这个"在"只是"存有"（being），不是具体性的存在。所谓具体性的在，是现象性的在呢，或物自身性的在呢？假如是现象性的"在"，要靠感性的直觉，如是，这个我是现象意义的我。假如这个我是物自身性的我，这个存在也是具体的存在，这就必靠智的直觉（intellectual or non-sensible intuition）。故此种"在"不在知识范围之内，虽然不在知识范围内，但与现象性的我同样是具体的，不是抽象的。而笛卡尔之"我思故我在"，我之"在"是通过思而说的，不是通过直觉而说的，故既不是现象身份的在，亦不是物自身身份的在。他这个"我在"，依康德，只是"在"于知性，不是"在"于直觉。这个在不是"存在"（existence）之意义，而是"存有"（being）之意义。"存有"是很抽象的。数学上的"零"，几何上的"点"，皆只可说"有"，而不可说"存在"。"我思"之"我"是一个逻辑的我、形式的我，因而"我在"也只是形式意义的在，或逻辑意义的在，即"存有"意义的在。这样的我之思即是统思，故即相当于康德所说的超越的统觉。而超越的统觉即是知性之作用。这个知性之作用是统思，其统思所依据的概念就是本体、属性、因果等这些范畴，就是以这些范畴来统思一切现象，把一切现象综合在这些概念之下。这样就可达到"知识可能之条件即知识对象可能之条件"这一断定，因而概念亦可落实。

但光只是由知性之统思来说，这太抽象。要具体化便需要有旁的东西来帮助，这就要归到超越的推证之主观面。主观面使知性之统思具体化的便是想象，故康德在这个地方很重视想象。想象的作用是什么呢？它可使感性给我们的那些东西可以重现出来。因感性都是当下的，它刹那间就过去了。假如不能由想象重现于我们心中，我们就没有知识。所以必须通过想象的能力，把它们重现起来，虽然不在眼前，仍可存在于心中并把它们弄在一起，此谓想象之综合作用。综合的作用都是综持，是把一些东西综持在一起（holding together）。综持也可译执持，故依佛教唯识宗看，凡是康德所言之综合作用都是一种综持、执持。执持是一种执着。我们平常不太注意到综合是一种执着的作用，其实就是一种执着，着于某些东西把它们聚集抓在一起。如果不抓在一起，综合的作用就没有了。抓住就是一种识的执着作用，说它是识之执着作用是有不好的意味，是有价值性的判断。那么不执着者是什么？是智，不是识。知性之统思，统觉之综合统一，是以概念去执着，这是最高层。其次是想象层的重现之综合作用，也是一种执着，所执的东西是通过感性直接地当下呈现在我们眼前者，所以康德言感性给我的东西对着综合统一而言为杂多（manifold）。综合就是把杂多综集统一起来。

　　所以最底层的感性所给的是杂多，而杂多之所以能成为杂多，后面也有综摄的作用，此作用为直觉上之综摄作用。其实一言直觉就有综摄的作用，只是其综摄的作用的层次较低，故不易显。而想象、知性则层层提高，提高时其综合作用就显明了。在直觉上的综摄作用康德名为摄取之综合（synthesis of apprehension）。直觉一个东西就是抓摄一个东西，所以摄取之综合是由直觉层来讲。重现是由想象层讲的，统思是由知性层讲的，故有三层的综合。最低层摄取之综合，所摄取的东西本来就是杂多，但杂多之成其为杂多，必须历过才行，一个个历过而把它抓在一起才能意识其为杂多；假如没有历过的作用，杂多的意识（consciousness of manifold），也就没有了；杂多的意识没有了，杂多亦不能成其为杂多。假如每一杂多只是当下的，那么这个杂多只是绝对的单一（absolute unity），每一刹那所呈现的都是绝对的单一，只是绝对的单一，就没有杂多。——历过就是摄取之综合，又言综摄。绝对的单一就是绝对的孤伶伶，其实伶伶也不能讲，杂多也不能讲。所以直觉还是有综摄的作用，就是摄取，这是最基层的综摄作用。综摄作用层之杂多，再通过想象把其重现出来；由想象重现出来的杂多，再往上通过概念底概括作用就把杂多进一步综合统一起来，这才成客观的知识，到此综合才停止，故有三层的综合。三层综合明，则范畴之超越的推证即完成。

为何到统觉的综合作用就停止呢？为何不能再层层无穷地往后追溯？须知这与客观方面的因果关系可以作无穷的向后追问不同。我们的认知作用最后停在知性处，不能再往后追问，因我们在这里使用的是概念，概念都是先验地由知性发生之法则性的概念，如本体、属性、因果……这些可以作为形式条件的概念。假如再问，知性从哪里来？知性何以能发出这些先验的概念？依康德，到此不能再追问了，这就好像追问我们为什么以时间、空间为感性直觉之形式条件，这也不能再追问。因为人类的心灵、人类的知性就是如此。为什么到知性处可以停止，而在感性层想象层皆不能停止，此乃因知性层是使用概念，使用概念就可以站起来，此如孔子所言之立于礼一样。我们生活中的人格，要能站起来，就需要礼。礼从哪里来呢？依孟子此乃来自人之本心（依荀子则由圣人造成，这就成了一个循环〔circle〕）。礼是些架子，发自于本心表示它是最后的、终极的，故曰立于礼，人到此可以挺立而站起来，否则永远往后靠。在知识处讲，康德就说到知性（统觉）为止，不能再问，此如追问人的知性为什么要用范畴（先验概念）来思考，此也不能追问，因为人的心灵就是如此。感性为何要以时间、空间为其形式，这也不能再问。旁的其他有限存有也许可不用这些，但人类事实上必须如此。照康德之说法，知性之统觉的综合统一是用先验的概念来综合，故讲知识机能到此就停止，不能再无穷地往后追问。虽然不能无穷地往后追问，而知性的统思作用所表现的我是形式的我，这个我是个形式的存有，不能当现象看也不能当物自身看，它不存在于直觉而存在于知性，到此不能再往后追问，但我们可以追问这一个逻辑的我，后面是不是还有一个预设，这一个逻辑的我是不是一个终极（ultimate）？对于前问，答曰它后面是有一个预设；对于后问，答曰它它不是一个终极的我。它是一个因着知性之统思——以纯粹概念而统思，而被撑架起来的形式的我。它虽属于现象界而在现象界内呈用，但它本身不是一个现象，它不是可用感触直觉去觉到的；同时它亦不是物自身身份的我，因为物自身身份的我是实法，是可以用智的直觉去觉到的，虽然我们人类无智的直觉。因此说到"我"，有三个意义的我：现象意义的我，物自身意义的我，逻辑意义的我——形式的我。物自身与现象是同一物之两面观，就"我"说，前一意义的我是"真我"，后一意义的我是假我，是虚构；而形式的我则是由知性之思而凸起的。因此，逻辑意义的我当有一个预设，此即物自身意义的我，此我当该是属于 noumena，noumena 多得很，上帝、灵魂不灭、意志自由、物自身等都是 noumena。"物自身"一词可以是单数也可以是多数。每一个东西，如一杯子，也有一个物自身的身份。这样，此逻辑意义的我与物自身意义的我（即以 noumena 看的我），有什么关系呢？我们不能说知性拿一个概念去思，后面又还有一个条件。就知识机能讲，到此为止。但是物自身意义的我如何转成逻辑的我呢？在知识范围内，这个逻辑的我是最后的。过此以往，则非知识所能及。

依中国的传统来了解，良知不是现象。依康德，良知应属 noumena，也不是逻辑的我，也不是现象意义的我。假如逻辑的我在知识范围之内可是最后的，到此可以停止，则逻辑的我后面的预设是良知的我，此我应就是康德之物自身性的我，那就是中国人所说的真我（real self），真实的我，依佛教言，是涅槃法身、真常我，真常我不能当现象看，也不是逻辑的我，那么它当然是物自身意义的我。在知识范围内，此逻辑的我可以停住，但它与其所预设的物自身性的我以及其与现象性的我，关系如何？这是可以说明的，这里的问题是很微妙很复杂的，但康德都没有说明。详见我的《现象与物自身》一书。

上说的三层综合可使开始客观地讲的答复更具体一点，可以使人有更具体的了解。由感性起层层往上综合，直至最后的统觉，即以纯粹概念而成的综合统一，而后止。这样，这些范畴就是经验可能性之条件，同时也就是经验对象可能性之条件。那么在知识这个地方，这样说就够了，这就是知性之存有论的性格。但一个对象呈现给我们是靠时间、空间为条件，而不是靠范畴，这样一来对象要可能，只靠时间、空间而不一定靠十二范畴，故马上又要加上说明。因为依康德，感性靠时间、空间呈现给我们的对象是"未决定的对象"，没有通过概念而为"决定了的对象"，只是通过感性呈现给我们。所谓"未决定"就是没有通过范畴而成为客观的对象。那么这个对象还是只有主观意义的对象，还不是有客观意义而为决定了的对象。当他说经验对象可能性之条件，此对象是就客观决定的对象而言的。开始说对象只靠时间、空间条件呈现给我们，不必靠范畴，那为什么现在又说范畴是经验对象可能性之条件，这不是有冲突吗？所以这个地方马上对对象要有个了解，经由时间、空间之感性形式条件而呈现给我们的对象是尚未决定的对象，只有主观意义的对象，而这些范畴就是使它成为客观意义的决定了的对象之条件。这样，一个对象虽在感性中呈现，而吾人仍可说范畴是知识可能性之条件，同时亦是知识对象可能性之条件。超越的推证，这个推证不要靠经验。再进一步，不管是未决定或决定了的对象，这个对象是现象意义的对象，不是物自身意义的对象。物自身永远不在知识范围之内，而物自身也不能成为一决定的对象，因为一成为决定的对象就不是物自身。到这个地方就是说明知识如何能客观化，如何能有客观的知识，而知识的对象是现象意义的对象。到此，客观化的问题得到充分的说明。

　　客观化之问题开始于呈现给我们的都是主观的现象，主观的现象如何能通过主体发出之形式而客观化，此好像有点吊诡。主观的东西所以能客观化是要靠主观的东西而非靠客观的东西，这不是很古怪吗？主观的东西是指时间、空间的形式与范畴之纯粹概念。这些都是普遍性的，靠这些由主体发而有普遍性的条件把呈现于我们感性的主观性的表象客观化，这是很可思议的。如人立于礼，礼非出于天，亦非出自地，而出于人的本心，由主体而发，此似是主观性的；主观性的东西使人成为顶天立地的客观实有（objective being），而不再是东倒西歪，像浮萍一样，乃实是可以站起来，这是很合理的。这一层懂得了，则范畴使对象客观化也就无难了。下面我们须说明"知性为自然立法"一义。康德所说的立法与普通所谓自然法则不一样。在此有三个问题要说明：1. 知性为自然立法。2. 现象与物自身。3. 感性直觉与智的直觉之对比，辨解知性与直觉知性之对比。这三个问题都弄清楚了，就可以除去对康德系统之反感、怀疑与不信任感。

知性为自然立法，此所立的法则与我们平常所谓的自然法则是不是一样？知性怎么能为自然立法呢？我们平常的自然法则（natural law）不管是物理的或化学的法则，皆由自然发现出来的，而言知性为自然立法，此岂不是纯粹的主观主义吗？这需要说明，他说为自然立法所立的是十二范畴，而范畴为经验知识底可能性之条件，也即经验知识所知道的对象底可能性之条件，我们平常以为为自然立法所立的法则是经验知识所知道的特殊法则（particular law）。我们平常所说的法则都是这样意义的法则。其实康德所立的法则是这些法则之条件，也就是我们心目中的法则底可能性之条件。就是说，它们是那些自然现象之特殊的法则如物理法则、化学法则或社会现象之特殊的法则之所以为可能之基本条件。而这些特殊法则应相当于政治上立法院所立之法，范畴则相当于宪法之法。立法院所立之法是一般的民事法、刑事法、诉讼法。这些都是法院审判所根据的法，这就是我们一般所谓的法则之意义。而宪法的法不是我们一般所谓的法则之意义。知性为自然立法所立的法就如宪法之法，是成功政府一切的组织、政府办事、社会上一切活动所遵守的法则之根据。它是高一层，严格讲，在此不能言法则，言法则意义太广泛。知性为自然立法是立自然法则所以可能之条件，但康德笼统地说为自然立法，这便引起人的反感。其实这个话是可以通的，这不是主观主义。有特定内容的法则还是由经验来，立法院所立的法，为法院审判所依据者，还是由社会上的事宜而来，这些都是特殊法则，即所谓民事法、刑事法，法院审判所根据的法则。而"知性为自然立法"所立之法类乎宪法，是开国民大会来创订的，不是本来有的，那是更高一层的东西。

第二个问题现象与物自身，此须特别说明，康德之说法与平常之说法不一样，我们平常所了解的分别，大体都是洛克意义的，即他把物性分为第一性、第二性。第一性是客观的，属于物本身，第二性是主观的。但康德说这还是经验的分别，而现象与物自身的分别，是很重要的，为康德哲学所依以成立的特别识见（insight）。他建立这个大系统完全靠这个识见，在此识见之下遂有第三个问题。此即人类的感触直觉与智的直觉相对比。我们的直觉总是感触的，但在我们的直觉之外他另想一个智的直觉（intellectual intuition）。关于智的直觉，他也可以说得很恰当，可是他是根据逻辑推理（logical inference）与逻辑思考上的比较（logical comparison）而来，他实在是没有见到的，因为他没有这个传统，但他都想得很合理，但有时说得不太恰当。但中国有这么个传统，中国的学问就单讲智的直觉，尽管无此词语。但西方人所说的这种智的直觉之意义与道理，儒、释、道三家都有之，且其重点都落在这里，故中国人了解得很明确，而不是靠逻辑的推理。康德就说得不明确，因他没有这个传统。但是他有基督教的宗教传统，在宗教传统之下，智的直觉是属于上帝。

这样就有两种直觉之对比，也有两种知性的对比。人类的直觉是感性的直觉，而上帝是智的直觉。人类的知性是思想，在康德于知识上讲知性的作用就是思想，对对象下判断，这种知性在西方称辨解的知性（discursive understanding），曲曲折折地有论点有讨论，这样就需要有一些条件、一些手续，故为辨解的知性，这种知性就要靠逻辑概念，遵守逻辑手续，这样才能成功知的活动，这就表示人的知性不是"直觉的知性"，因直觉是直而无曲，直而无曲就不是辨解的，既是知性而又是直觉的，这种知性康德以为人类是没有的。

至于直觉，一说直觉就是有某种东西刺激我，我对之就有一个反应，此即直觉，故直觉都是感性的。可是就有另一种直觉不受感性的影响，即发一个直觉是纯智地（pure intellectually）发之。康德又以为人类没有这一种直觉，上帝才有。可是中国人就专门讲这一种直觉。

知性在人类的科学知识的范围内是辨解的，但在上帝则是直觉的，即所谓"直觉的知性"，既是知性又是直觉，就是不经过概念等一些手续条件就可以直接地达到对象之知：知之等于直觉之，直觉之等于创造之。这个很难，故康德以为只有上帝才能如此。在上帝，直觉的知性（intuitive understanding）就等于智的直觉（intellectual intuition）。由直觉讲，就是它的直觉是智的，不是感性的。由知性讲，就是它的知性是直觉的，不是辨解的。所以在上帝，直觉与知性这两者为同一。可是在人类是不同的，直觉就是直觉，知性就是知性，这两个不同作用的认知机能要合作才能成功知识，可是在上帝就是一个。康德这种讲法是西方宗教传统下的讲法，由中世纪就是这样的讲法，这是对于上帝的体会，对此圣托马斯做得最好，中国的传统就不从上帝那里讲。下讲讲现象与物自身的意义与区别，由此乃能完成康德在知识范围内所讲的经验实在论与超越观念论。对此，东方人持什么看法？儒家、道家、佛教各持什么看法？

第十三讲

"知性为自然立法"之意义：此是否主观主义？

今天我们来说康德之"知性为自然立法"这句话之意义。"知性为自然立法"，这句话我们怎么样去了解它呢？如只从表面看，则人们觉得这句话听起来非常刺耳，令人起反感，因为这主观主义太强。但是我们一层一层地去了解它，了解康德讲这句话的背景，讲这句话的分际，那么这句话应该是可以说的。

第一步我们先要了解康德说"知性为自然立法"之"自然"是什么意思。康德说的自然应该是等于现象的全体。用康德的词语来说，自然等于现象之总集（sum），即所有的现象总起来，加起来，也就是我们平常所说的自然界（natural world）。

在这里，他心目中所想的自然与我们一般所想的自然，很明显地就有距离了。我们平常所说的自然是天造地设的大自然。说自然界不同于社会界，说自然科学是研究自然界的学问，这所说的自然都是天造地设的，自然如此摆在那里。但康德所说的自然，就不是这个意思。正好自然不是天造地设的，跟我们平常心中所想的大大不同，既然不是天造地设的，那么是什么意思呢？

一般人去了解康德在这里就发生问题了，因为大家都用平常所了解的自然去了解康德所说的自然。如果说自然是天造地设的，那么我们又说"知性为自然立法"，这句话就不通了。但是如果说自然就是现象，这样的自然不是天造地设的，那么说"知性为自然立法"这句话就不那么令人起反感了。

假如现象不是天造地设的，那么我们也可以问，什么才是天造地设的呢？这样问，康德应当说"物自身"，"物自身"才是天造地设的。

"物自身"或译为"物如"。物如之如来自佛教，人或可以为这个字有点玄妙，但说实了，这个字是可以用的。照原文的字义或英文的翻译，严格讲当该是"物之在其自己"，"在"字不能去掉。光说个"物自身"，那意义就模棱有歧义。譬如眼前这个粉笔当现象看，我也可以说粉笔这个现象本身。于粉笔说本身，即其后面加上 itself 也是可以的，但这却是就现象说的本身或自身。就粉笔这个现象说粉笔自身。其他如说人本身、桌子本身等等，于任何现象，"本身"这个字样都可加上去。那么这样虽然加上本身还是个现象，现象本身就是客观地说这现象自己。

但是"物之在其自己"其意思就不同，它不能当现象看，它永远不是现象。"物之在其自己"之英译为"in-itself"。前面加"in"

是很有意义的。有"in-itself"就有"for-itself"，所以后来黑格尔就根据这个意义之"in-itself"，再进一步讲"for-itself"。

说"in-itself"是说物之纯粹在其自己与任何其他东西不发生关系，与任何人与我也不发生关系。那么因此它是个什么东西我们完全不知道。可以说"in-itself"什么也不是，纯粹是一个很空洞的东西。依照黑格尔之辩证法，辩证的发展是要预设"in-itself"为底据的，这"在其自己"是就绝对存有说，或就精神主体说，不泛指任何物。

精神主体若想有所呈现而为人所知，则它除"在自己"之外，它还要"对其自己"（for-itself）。它若只在其自己，则他就是纯粹内敛于它本身，或者内缩于它本身。"在其自己"之"在"，好像一个东西绝对内敛于它自己或内缩于它自己，它没有任何显现。它不显现，你知道它什么？你不显现，我怎么知道呢？你不显现，你是个什么？你什么也不是！显的时候，才能知道你是什么。

"for-itself"，自己对自己，这个 for 当译为"对"，有人译为"为"而成为"为其自己"，这是不对的。"对其自己"与"在其自己"相反，精神主体对其自己，它本身就有分裂。它对其自己是把它自己当做对象。我可以把我自己推出去作为主体我所默想或所观察的对象。这时候其自己内部有个分裂，即有 subject-object 之分裂，一有此分裂，一有能所之对立，就有所显，有所显就转成现象。此即形成黑格尔辩证法中之三动相，即："in-itself""for-itself"，再综合起来而为"in and for itself"这三步动相。康德只从知识上泛讲任何物之"in-itself"，不能再讲"for-itself"以及"in and for itself"。但黑格尔就精神发展讲，则可以加上这后两步动相。后两步动相所预设之"in-itself"，就是从康德所泛讲的"物之在其自己"之在其自己而来。物之在其自己，就是平常所简言之的物自身，这与我们平常说粉笔本身，这个本身"itself"是随便加上去的不一样。

物之在其自己是一个东西绝对地内缩、内敛于其自己。这个时候就等于我们日常生活中所谓一点朕兆也没有。一点朕兆不露，这就是人所谓莫测高深。法家就喜欢用这一套，做皇帝就要这一套，雍正皇帝很有这一套本事。你一露朕兆就有端倪，一有端倪我就可以把你抓住，我就可以猜测你喜欢什么东西；你喜欢什么东西我就投你之所好，你讨厌时我就逃避一下子，这是官场的情形，所以大皇帝在这里一定要在其自己。这是我们从日常生活中体会的，我这个意思可以帮助你们了解这一个词语之实义。

所以康德说物之在其自己，我们对之完全无所知，知识所不能及。而我们知识的条件也不能向它那里应用。那么这个东西是什么东西？什么东西也不是。你可以说它是无限的秘藏，用佛教的词语讲，是绝对的秘密，无限的秘藏。照康德的意思，这个意义的物之在其自己，才是天造地设的，对任何其他东西没有发生关系，因而也不现任何面相，它也不内部起风波，它纯粹在其自己，是纯粹地自在独化（独化无化相），默默地密勿自运，这才是天造地设的。

你一旦与其他东西发生关系，就有一个"他"（otherness）与你相对。有一个"他"与你相对，这时你这个东西就不是你之在其自己，那么这时的你就不是天造地设的，照中国人之词语讲，这纯粹是后天之学。当一个东西与其周围的其他东西一发生关系就落在后天。对某一个东西显一个面相，对另一个东西显另一个面相，有好多是歪曲的面相，也有好多曲折的面相。这些面相就叫做现象。这当然不是先天的，天造地设的本身，这照邵尧夫讲就纯粹是后天之学。

为什么物之在其自己才是天造地设的呢？天造地设是我们的词语，依康德在西方基督教传统下来讲，天造地设是上帝所创造的，上帝所创造的才是天造地设的。照康德之说法，上帝之创造只创造物自身，只创造物之在其自己，不创造现象，所以在上帝面前没有现象，也没有我们所说之自然界，即并无我们平常所理解之天造地设意义之自然界。你所说的真正意义的天造地设，当是指"物之在其自己"之物讲，此"物之在其自己"之物我们对之一无所知，在这个立场我们没有自然科学，自然科学不能从"物之在其自己"之物建立起来，不能从研究"物之在其自己"之物发出来。所以假如你知道依照西方传统，依康德所讲，上帝所创造的是"物之在其自己"之物的时候，那么你就知道"物之在其自己"之物才是天造地设的。

既然"物之在其自己"之物是天造地设的，那么现象就不是天造地设的了。自然就是现象之总集。我们所谓自然界，所谓研究自然科学之自然，那个自然界只是一大堆现象，这不是上帝所创造的，不是在上帝面前的对象。既不是天造地设的，"知性为自然立法"这一句话的意思就可思量了。你开始时那强烈的反感与反对，现在就转成轻松一点了。一开始你以为是替天造地设的自然立法，现在你知道不是替天造地设的自然立法，乃是替现象立法，那么"知性

为自然立法"就可思量，可思量就好办了。现在且把现象与物之在
其自己放在下次仔细讲，现在只先这样提一提。

自然是现象的总集，不是天造地设的。再进一步我们来了解立
法之意义。"知性为自然立法"，如何立法呢？开始我们本来说知
性本身能提供一些概念，这些概念就是范畴，范畴是存有论的概念。
它们不是纯粹逻辑中的形式概念。假定它们是纯粹逻辑中的形式概
念，则这些形式概念不能成为自然界的法则。是故我们开始就分别
成两套概念。假如我们能了解知性是可以提供一些先验的概念，又
假使知性所提供的这些先验的概念只是纯粹逻辑中的形式概念，那
么你还是普通的实在论，康德所说的现象的意义就没有了。像罗素
这些人只了解逻辑中的形式概念（虚概念、逻辑字），所以他们都
是实在论。

假定你站在康德的立场问：你所谓实在论是什么意义之实在论，
他也不必答复。反正站在罗素的立场，康德之物自身与现象之分别，
他是不承认的，或至少可以说他没有康德现象与物自身之分别，他
所了解的只是纯粹逻辑概念，逻辑概念对于存在没有担负，这就是
实在论了。

这些逻辑概念不能控制存在，不能决定存在。我只能根据我的
逻辑概念、逻辑手续来发现自然法则，这些纯粹概念不能代表自然
法则，这当然是实在论。这样第一步假如我用的是纯粹逻辑概念，
而以为我们就可以把现象自然界由知性之控制中解放出来，这样的
讲法大体都自以为是实在论者。凡是不满意康德之主观主义，大体
都想由知性把现象、把自然解脱出来，尽管这个现象不是康德意义

之现象，只是我们普通所说的现象。这种解脱出来的思想，不但是英美的实在论有之，德国式的实在论也有之。不满意康德传统所成的主观主义，这在德国也是有的，这便成德国式的实在论者。这些实在论者的路线，如胡塞尔、海德格尔便是。胡塞尔讲他的自以为可以自康德的知性主体解脱出来的现象学——客体解放的现象学，而海德格尔则讲他的德国式的存有论，所以他们都没有康德的现象与物自身之分别，也没有思辨理性与实践理性之分别，以及智思物与感触物（noumena 与 phenomena）之分别。

没有这一套架子，你说你已经把现象从知性主体中解脱出来了。你究竟有没有把它解脱出来呢？这是很有问题的。光只是掩耳盗铃，把眼闭起来，这些我不提，反正这样我就把客体解脱出来，这真能解脱出来吗？例如只讲逻辑概念，真能把客体解脱出来吗？这是很难说的。譬如我写《认识心之批判》的时候，我只能了解知性可提供一些纯粹逻辑概念，这个也可以说出一大套，这里也自含有实在论，我也认为可以把自然现象从知性主体中解脱出来。是不是真能从康德之"知性之存有论性格"里解脱出来，还是有问题。这个时候问题是悬而未决的。问题还没有解决而是敞开而没有决定的。我们常是把敞开而未决的东西当成决定的，好多人都是这样的，英美式的实在论也大体是这样。

这只是一时的方便，暂时的客观主义，暂时的实在论。假如康德在这个地方明明告诉我们，知性所提供的不是纯粹的逻辑概念，逻辑概念只是线索。我们的目的不在发现这些逻辑概念，这些逻辑概念已经有了，这一步很容易了解。从这一步线索要引到存有论的概念，要想发现范畴。他所发现的范畴即是存有论的概念。这些存有论的概念，不是客观地从存有论之立场独断地讲，而是从知性之超越的分解之立场批判地来讲。那么既然是由知性之超越的分解之立场讲，由此进一步就要承认知性之存有论的性格。假定知性所发出的是纯粹逻辑概念，那就是知性之逻辑性格（logical character of understanding），知性之逻辑性格很容易了解。

由知性之逻辑性格这一层讲，就没有知性为自然立法这个观念，现象与物自身之分别也不一定有。假如有，也是像洛克之分别，第一性、第二性之分别，这种分别不是康德所谓现象与物自身之分别，所以康德说洛克之分别为属于经验之分别（empirical distinction）。要不，就是莱布尼茨的分别，这也不是康德所说的现象与物自身间的分别。康德说莱布尼茨的分别只是逻辑的分别。这也不能有为自然立法义。因此，要想有现象与物自身之超越的分别，并因而有为自然立法义，则在知性之逻辑性格以外，还要承认知性之存有论性格。

可是这个问题说到这个地方又是一个症结。假如你能承认知性之存有论性格，再说"知性为自然立法"，那么你当初对"知性为自然立法"之强烈反感又减少一步了。既然承认知性有存有论之性格，那"知性为自然立法"也很容易了解，不是很困难的了。

因为存有论之概念，本来就是决定对象之概念，本来就与对象有关系，逻辑概念就与对象没有什么关系。所以 all、some、is、is not、or、and、if...then 等逻辑概念，对于对象不能有所控制，只能根据这种思考的程序去发现自然法则。由 all、some 转成量的范畴，由

is、is not 转成质的范畴，由 if...then、or、and 等转成关系范畴的时候，那就完全不一样了。那就对对象有所决定，有所事事。所以这一部分康德称为超越的逻辑（transcendental logic）。假如讲的只是知性之逻辑性格，则只表示我们平常的逻辑程序在知性中的形式作用，对对象无所事事，无所决定。康德之超越逻辑唯一之差别点在对对象有所关涉与决定。所以若承认知性之存有论性格，则对"知性为自然立法"更又接近了一步，开始的强烈反感更又松了一步。这样一步一步接近，终于完全承认"知性为自然立法"之不可移，这是第二层的了解。

至于说到知性之存有论性格，这并不容易了解。虽然你可承认知性之存有论概念，但你对知性之存有论性格仍可完全不能承认，完全不能了解，觉得知性何以能有此性格，这说起来很不容易，最后的关键就在这个地方。

要了解知性之存有论性格，这当然还是与现象有关系。因为现象不是天造地设的，天造设的是物自身。而存有论之概念与对象或存在有所关涉，所关涉及的对象或存在还是现象而不是物自身，这个时候的存有论还是属于现象范围内，即知识范围内的存有论，但我们平常讲存有论也不一定如此。所以最后知性之存有论性格还要慢慢再往里深入，这不太容易了解。这个地方佛教对我们的帮助很大，使我们对于知性之存有论性格容易了解。照西方哲学，甚至照康德本身之思辨，很不容易使我们信服。

我们需要有两步了解：第一步康德所谓自然是现象之综集，不是天造地设的，天造地设的照康德讲当该是物自身。了解到这一步，则"知性为自然立法"就可以接近了。这一步还不够，再有第二步，在第二步时我们了解范畴这些概念是存有论的概念。假如这些概念是存有论的，则知性即具有存有论性格，如是，则"知性为自然立法"就更可理解了。最后之症结落在知性之存有论性格可理解不可理解，能说得通说不通。最后是这个问题，这个问题后面将可彻底明白，现在暂时停一下。

知性之存有论概念，与自然现象有关系。照康德之想法，现象是对人而显。假如一物不和任何主体发生关系，绝对地内敛内缩于其自己，不露任何朕兆，则它什么也不是，我们对它一无所知。所以康德说现象不是天造地设的，不是在上帝面前者，不是对上帝讲者，单单是对人讲者。对人是笼统的说法，对人的什么认知机能而显现成为现象呢？第一步对人之感性而显现。光对人之感性还不够，还不能完成其为现象，第二步是对人的知性。对人之感性而显现称为现象 appearance，此时，所显现成的是未决定的对象，只是把一个东西给与于我。第二步对人之知性，如是，则所显现的即成为一决定的对象。

对人类才有如此这般的现象。对上帝而言，无所谓现象。对人，不管对人之感性或知性讲，人是有限的存有（finite being）。照西方的传统，人是被上帝所创造的，凡是上帝所创造的都是有限的，只有上帝才是无限的存有（infinite being）。在上帝面前，没有现象，都是物自身，只在有限的存有面前才可说现象。我们所知道的现象，我们所知道的自然界，单单是对人这个有限的存有而显现成者，单单是对人这个有限存有而显现为如此这般的现象，如此这般的自然。

那么这一句话就表示除人之外还有其他有限的存有。

粉笔没有感性，也没有知性，但却也是有限物。粉笔这有限存有，照佛教讲，不是众生，不是有情。照佛教讲，众生都是有情，有情就是有情识的作用。有此作用的存在，才叫做众生。草木瓦石不能成为众生。草木瓦石虽然也是上帝创造的，但草木瓦石却不是有情众生（living being）。所以所谓显现是单对有限的有情众生而显现。人类只是有情众生之一，六道众生，人是六道众生之一类。六道是人、天、阿修罗、地狱、饿鬼、畜生。动物也是有生命，有情识，但是其情识差得远。人是指居于这陆地上的人类而言，天是指天堂上的有情识者而言，阿修罗的意思是不端正，好斗争好打架，阿修罗虽不端正，但也是高级的众生。在佛教中，人、天、阿修罗称为三善途，地狱、饿鬼、畜生则称为三恶途。不管是三善途、三恶途，佛教言一切众生皆可成佛。不过三恶途慢一点，三善途快一点，其中最好的是人。所谓最好其标准是什么？是就成佛之难易而言。人成佛最容易，天堂的众生当然是好，但因享福享得太多，也不容易成佛；地狱饿鬼太受苦，受苦太多也不容易成佛；畜生虽有情识，然禀气太混浊，心窍不开，成佛也很困难，但它总可以成佛，慢慢来。因为人最容易成佛所以最好，故佛教说：人身难得，中国难生，佛法难闻，生死难了，有这四难。生而为人是不容易的，生而为中国人更不容易。可是佛教说的中国不一定是我们中国，依照佛教印度才是天下之中。

六道众生统统是有限的存有，都有它自己的如此这般的现象，所以我们所说的现象是对人讲，我们所了解之自然界，所有的科学知识，是就人之感性与知性而言的。我们人类有如此这般的感性，有如此这般的知性。其他的有限众生，只要是有限，它一定也有感性，但它们的感性不一定同乎我们的感性。有限之所以为有限，就是因为它有感性。照西方传统，有限不是笼统地说的，有一定的讲法，有限之所以为有限，首先是因为它是个组合物，由两个异质成分组合起来的，此两种成分是什么成分？

此思路是由亚里士多德开始的，依亚氏言 form 与 matter，有限的存有一定有 form 一面，也有 matter 一面，就是由这两面组合成的。matter 是物质性，广义说材料，以物质性做材料，这是广义的笼统的原则性的决定。而讲到人类，物质性就是人的感性，感性就是代表物质性。人一定要有感性，一定是组合的，这才是有限。无限存有如上帝不是组合物，因上帝无物质性，我们不能说上帝有感性。我们有耳目口鼻，上帝无耳目口鼻，不能有感性，所以这个无限的存有 pure form，不是一个组合物。我们了解有限无限要通过是否是一组合物这个观念来了解，不是随便笼统说的。这个无限依黑格尔称为质的无限（qualitative infinite），还有量的无限（quantitative or mathematical infinite），此乃数学所说的无限。量的无限与质的无限不同，量的无限与 form、matter 无关。上帝、道体、本心、性体等之无限皆为质之无限。

人是有限存有，因为有身体一面，此代表物质（matter），但也有理性这一面，此代表人之形式（form）。因有身体才有感性，我们的感性与其他有限存有之感性不一定相同。我们是五官，假定在头上再长一个眼，如《封神榜》的闻太师有三个眼，那他的感性形态，就不一定与我们相同了，那么在他眼前的现象与我眼前的现象就不一定一样了。我们是靠五官，在五官这个机体之下呈现现象，而且在时间、空间内。我们的感性有时间、空间之形式，其他的有限存有就不一定是这样的时间、这样的空间。感性不同，现象在他们的眼前也就不同了。所以现象不是天造地设的，若是天造地设的，哪里有这么多不同呢？应该到处都一样。到处都一样那就是"如"，那就是与任何感性主体都没有发生关系，那就是绝对意义的"物如"。

这个意思很深远。尽管在康德的哲学里是这样分开了，但大家不一定了解。如照洛克的分法来了解，或莱布尼茨的分法来了解，那都是不对的。如照康德的恰当意义来了解，这个意义深远得很。在上帝面前是"物如"，没有现象，这个"物如"，在上帝面前是什么相呢？没有相，说什么也不是。关于物如这方面的玄谈，中国人很行，康德还谈不到，他只把它摆在那里就是。

现象只是对有情众生而显现，有不同之有情众生就有不同之现象、不同系统的现象。我们所了解的这样系统的现象是在我们人类的感性与知性面前的现象。

我们的感性一定要有时间、空间为其形式。我们的知性，当它去决定感性所呈现给我们的现象的时候，它一定要用些基本的概念，这就是知性所提供的那些存有论的概念，就是范畴。所以现象是由感性而显现，而为知性所决定。言至此，知性之存有论性格与现象之成其为现象一起呈现。假如现象不是在时间、空间里它就不是现象，所以一说现象它就有时间、空间性。而时间、空间性这个形式是由主体而发，这个主体是随感性而表现的心灵主体。时间、空间是由心灵之随感性而发因而遂客观地被摆在现象上面，那么现象之有时间性与空间性就是感性的执性、感性的执着性。你先分解地说是心灵随感性而供给时间、空间这形式，因此说这形式是主观的。可是感性把一个东西给予于我们而成为一个现象，乃实是因落在时间、空间这个形式里而成为一个现象。所以这个时候现象之时间性、空间性与感性在时间、空间形式下去呈现现象，这两者完全是一回事。我们不能说有一个现象摆在那里，暂时离开时间、空间我们还能够想现象；离开时间、空间就不能想现象。那么感性依时间、空间之形式以成其为感性与感性所呈现给我们的现象之有时间性与空间性，这两者完全是一回事。故康德云：感性之形式同时即是现象之形式。我们一定先要建立起这一义。

时间、空间与现象拆不开，拆开的时候，你说我可以暂时离开时间、空间想一个现象，这样的现象就没有实在性，就成空观念。我们不能离开时间、空间这个形式，光从知性或理性去想一个没有时间、空间的现象。假如这样就称为现象的观念性，而这观念性就是超越的观念性（transcendental ideality）。超越的观念性意谓这时的现象是一无所有，什么也不是，只是个观念。所以当说现象时，感性上的形式，与感性所呈现的现象之形式，一定是同一的。

那么由我们的感性主观分解地讲，说时间、空间之形式是心灵之主观建构，这是我们了解时间与空间之根源是由主体而发，这是分解的表示。可是这个由主体而发出的时间、空间要落实而为现象之形式，不能空空地摆在那里而无用。它是我的直觉之形式，同时也就是现象之形式。它既然是现象之形式，就与现象拆不开，离不开，这个时候永远是个相即的关系，它与现象合一。

当我们的感性主观地执着时间、空间的时候，就是执着有时间性、空间性的现象。因此，你要先了解这两者相即的同一化，了解相即的同一化的时候，就可以了解感性的执性。现象之成其为现象，以及现象之形式时间、空间从主体发，严格讲都是我们的识心之随感性而起执之执性。识心若没有随感性而起执之时间、空间的执，也没有现象。当它有这一执的时候，现象就在你这一执中成其为现象。这是感性心中时间、空间之执性，以及现象之时间性、空间性之执性。

先说感性心中时间、空间之执性。时间、空间之执性，就表示时间、空间的根源发自于心灵，随感性而执现。这个是指着时间、空间之形式之根源说。但这个形式同时就是现象之形式，所以进一步当心灵随感性执着时间、空间的时候，就是执着现象之时间性、空间性。执着时间、空间是说时间、空间之根源，根源于何处？根源于心灵主体的执性。由心执而发为感性之形式，同时也就是现象之形式。

所以进一步言现象之时间性、空间性也就是感性心之执性。感性心之执性，严格讲就是心灵随着官觉主体而呈现。这种心灵主体的执性是随着官觉机体而起，因此就叫做感性心。这感性心就是佛教所说的前五识，眼、耳、鼻、舌、身识。识是属于心灵活动，前五识是心灵随着五官而表现，五官是官觉之机体。感性这一层了解了，下面知性这一层就容易了解。

感性把时间性、空间性的现象呈现给我的知性，我的知性就根据其自己所提供的存有论的概念来决定这个现象，决定之使之成为决定了的对象。什么是决定了的对象？一对象之量相、质相、关系相，一切都能概念地决定出来，就成了决定了的对象，因而也就是客观化了的对象。它之量相、质相、关系相等不是主观的幻想，有客观的意义。不是主观的就是由于客观的概念。感性所呈现的时间、空间中的现象的量相（性）、质相（性），或关系相（性）即《法华经》所说的"如是相，如是性，如是体，如是力，如是作，如是因，如是缘，如是果，如是报，如是本末究竟等"十如之前九如。此十如中之前九如都没有离开十二范畴的范围。现象之量性、质性、关系性如能够客观地被决定，此现象岂不就成了一个客观的对象？岂不就成为真正知识的对象？假如它的量性、质性、关系性完全不能决定，那么它在你的眼前是模糊的，不是真实客观的对象，不是知识底客观对象。

那么在知性面前，当一物为知性存有论概念所决定，成了一个决定了的对象时，这就表示它的量性、质性、关系性统统可以成为客观的呈现，说实了，这也就是知性的执性。执性是佛教的词语，西方人听起来不顺耳，觉得很奇怪。知性之所以为执在哪里表现呢？在康德的系统中，康德的什么词语可以表示这个意思？理性、先验那些词语都不能。知性底什么作用能表示这个执性？我们首先问，知性用其所提供的概念来成功一个什么作用呢？以康德的词语说，当该是"综合"。综合有三层，感性、想象、知性都有其各自的综合作用。感性层为摄取之综合，这是使杂多成其为杂多者。我要知道杂多之为杂多，须把杂多一个个历过，然后执持之于一起（holding together），此就是摄取底统摄作用，此即感性层的综合作用。

再往上就是想象层的综合，这是使感性所给者可以重现。想象底作用是重现。感性是眼前的，当下的，我们不能停于当下，一刹那就过去了，过去了就在我的脑子里边，但我可通过想象、记忆（memory），把它重新浮现起来，如浮现不出来把它忘掉就没有知识可言。所以想象中含有记忆、联想（association）等作用，表示过去者可以重现。

知性层表示什么综合呢？答：是统觉（apperception）之综合。不管是感性、想象，抑或知性，它们都有综合或总持的作用，此即佛教所谓的执。认知的基本作用是执，就是抓在一起。再进一步有黏着、系缚不解等，这些是心灵的痴迷胶着，拖泥带水，那是后来加上去的，也都是执着，执着是烦恼之源。

在佛教，执的意义多得很。有从根本上说，有从枝末处说，有依心理学的意义说，有依逻辑的意义说，都是执。康德所说的三种认知机能底综合就是执。为什么依佛教可以说它们是执，而西方人不用这个名词呢？西方人听起来似乎很刺耳，讲客观知识为什么说执呢？这个执并不一定是心理学意义的执着之烦恼。佛教在这里，不管感性也好，知性也好，当他说识的时候，他心目中有一个与识相对反的智。可是当西方人讲感性、知性时就当事实来看。我们人类就是这样，人类就是有如此这般之感性，如此这般之知性，如此这般之理性。但依佛教的立场言，由感性、知性说至理性，就是理性也是识啊！那理性根本是从逻辑推理（logical inference）那里讲，逻辑推理还是识。西方人说这是事实上就是这样，定然如此，无价值的意义，没有给它价值性的判断。可是当佛弟子一说识的时候，他心目中想些什么呢？他又想，还当有什么与识相对反呢？他们想"智"与之相对反。所以一说识就有价值性的判断，识有不好的意思，是烦恼之源，是执着之源，是不清净之源，毛病多得很。不管是哪一识，前五识或背后的第六识、第七识与最后的阿赖耶识，统统都是识。佛教意义的识是与智相对反的。但一般意义或梵文的原意，"识"的意义是了别，明了分别、辨识，这些作用都在内。所以有人翻唯识论为唯了论，这当然很怪。识是了别，从这个意义来讲，识是中性的，没有什么一定好或一定坏。西方人的understanding也就是了别的意义。我们有感性上的了别、想象的了别、知性上的了别，了别就是认知，这些都是认知的能力（cognitive faculty）。了别就是明了分别；分析、综合那些逻辑性的思考都在里边。但当一说智时，智的作用是无分别，所以名为无分别智。

识中的分别，唯识宗又马上给你加上价值性的判断，虚妄分别，一说分别就是虚妄性的分别，就是科学中的分别也不能免于虚妄分别。既是虚妄分别，就当去掉。去掉虚妄分别，就转识成智了。

刚才说就是科学也不能免于虚妄分别，这当如何去说明呢？须知科学的真理不是绝对的真理，都是经过某种程序与手术而成的真理，不是由纯智的直觉而成的真理。它有一种根本性的手术作用，这也概括在虚妄分别中。没有这种根本性的手术作用（从具体特殊者中抽出其普遍性者，因而有殊相共相之分别），你也不能成就科学。这种根本性的手术作用（连带其后的分别），开始的时候，我们可以想它没有颜色，这就是怀特海所谓的"抽象"以及"单纯定位"。怀特海的哲学就是如何建立抽象，如何批判抽象。科学不能没有抽象，没有抽象就不能成科学知识，但若停在抽象之中，就有相当程度的虚幻性，所以你不能了解真实。抽象在科学中是不可缺少的，是一种必然的笨手笨脚的步骤活动之一。有抽象就有单纯定位（simple location），单纯的定位可以确定量的知识、质的知识。单纯的定位依怀特海就是妨碍我们了解具体真实的障碍。具体的真实并不是那样可以用单纯定位单纯地定在那里。但是科学不能离开单纯的定位，所以科学所了解的都是抽象性的道理，真实的道理科学就达不到了。抽象性的单纯定位就是所谓基本的手术。这种基本的手术，站在科学知识的立场是中性的，很难说它好，也难说它坏。怀特海说到最后，虽然是中性的，但因达不到真实，所以这种知识是粗略得很。

最显明的例子就是"量子论"中的不决定原则（principle of indeterminate）。平常一般不了解科学本性的人，都是瞎想。他们认为不决定原则就是表示科学没有一定的机械法则，这样量子论也表示了意志自由。但不决定原则与意志自由毫无关系。此原则的意思是说：你要知道量子的速度知道得很明确，你对量子的位置就不能有确定的知识；相反地，你要想对量子的位置有确定的知识，你对它的速度就不能有明确的知识。为什么呢？我要知道这一面，我要经过一些手术以固定之，这面定了那面就不能定了。对速度要确定，就需要些手术，这一来，位置就不能定了。对位置亦复如是。这就叫做不决定原则。这根本表示我们的经验知识是笨手笨脚，没有办法直达真实，这就是科学的限度。这并不是自由不自由的问题，这与此类问题根本不相干；也不表示一般的机械法则完全无效，它只表示在某种特殊的情况之下，我们的知识不能兼顾，顾这一面那一面就不行，顾那面这一面就不行。这是怀特海经由单纯定位与抽象这两个原则所了解的科学知识的本性。这也表示在科学知识层次以上有更高一层的境界。这更高一层的境界，在佛教叫做智，就是唯识宗所讲的无分别智。

当佛教一说识的时候就这样看，它有智与它相对反，智是无分别，识一定有分别，分别一定有相当程度的虚幻性或虚妄性，这是避免不了的。尽管有些科学知识是经过试验已证实了的，但这样的虚幻性一样还是有，你达不到绝对的真实。

那么你可以想一想，无分别智是个什么作用？这个地方是东方学问玄谈的地方，好多妙理都在这里出现。那么在康德的系统里，按照基督教的传统，有没有与人类的感性及人类的知性相对反的智？有，但却是放在上帝那里。我们人类这里没有这种智，所以康德没有像中国传统那样的学问传统。对上帝的智，西方的哲学家也可以推想一些，如就之说直觉，那么它的直觉是纯智的，而不是感触的；如就之说知性，那么它的知性是直觉的，而不是辨解的。这都是根据逻辑推理而推想到的。他们没有中国那样的传统，故不能了如指掌。

在中国，佛教不把智摆在上帝那里，而是摆在我们这里。识是在无明中，不觉悟就是识，故要"转识成智"。但一旦觉悟就转成智，是故智就在我这里。众生无始以来就在识中，但我们也有转识成智之可能。在西方没有这个问题。你若问康德说，我们这个感性与知性什么时候能转？康德闻之必说你这话，我闻所未闻。因为他没有这个问题。但佛教天天讲这个问题，假如你说"转识成智"不可能，根本是妄想，他非和你打架不可。"转识成智"不可能，如何能成佛呢？那么我讲佛教为的是什么呢？这就表示中西学问的传统完全不一样。不唯佛教肯定有智，即儒、道两家也是这样，唯不若佛教那么明确地摆出就是了。

当这样了解的时候，我们就可以了解到我们的感性、知性有基本的执性，就是康德所说的综合性。感性有摄取的综合，想象有重现的综合，知性有统觉的综合。知性的统觉综合是靠存有论的概念来综合起来的。当说知性提供存有论的概念，这是分解地说这些概念底来源或根源。这样来源的概念有什么用呢？它就是预备决定这些现象，决定感性所给你的现象。这个决定通过什么方式呢？就是通过综合的方式来决定的。这时候就是说范畴所代表的那些定相，与客观意义的现象，客观地决定了的现象，完全同一化。这与作为感性之形式的时间、空间之与现象的时间性、空间性完全同一化一样。由这一个同一化就可了解知性之存有论性格。

对于知性之存有论的性格若能了解明白，那么"知性为自然立法"这句话就更容易了解了。你开始时对于这句话非常起反感，现在经由一层一层的恰当解释，你觉得这并非不可理解。但这里仍有一点疙瘩，这是最后一个疙瘩，是什么呢？答曰：即"立法"一词之歧义。

意志为行为立道德法则曰立法。但在这里说知性为自然立法，这立法似乎不那么显明。在这里，严格讲，不是立法，乃是订立自然法则所依以可能的那些条件。知性不是替自然立法，乃是替自然法则底可能性建立条件。我们一听立法以为自然法则都是知性所建立的，那就糟糕了。那就完全成了主观主义。所以他这立法严格讲，与政治上立法院的立法不同。立法院所立的法是民事法、刑事法、诉讼法，乃至处理特种事件中各种特殊的法则，这些法则都要经过立法院来审查与通过，这是立法院的立法。但是知性为自然立法，其所立之法不是各种特殊的法则，乃是宪法那样的法。它好像国民大会立宪法一样。宪法之立不是立法院的事。是故宪法亦与各种特殊法则不同层次。宪法是政府组织法及各种处事法之最高条件。康德说范畴是经验知识底可能性之条件，同时也就是经验知识底对象底可能性之条件。这是由知性之存有论的性格而来者。知性为自然立法就是立这些最高的条件——使经验知识中的各种特殊法则为可能者。我们平常所意谓的自然法则就是经验知识中各种特殊的自然法则，这些法则之获得或其是什么是有待于经验的，否则经验知识一词并无意义。又，假若我们只知知性之逻辑性格，则经验知识底可能性之条件不必即是经验知识底对象底可能性之条件。这样便成普通的实在论，知性为自然立法亦不能说，现象与物自身之超越的分别亦不能有。可是康德一定要说：经验知识底可能性之条件，就是经验知识底对象底可能性之条件。他所说的范畴是存有论的概念，不是逻辑概念，因此他不只说知性之逻辑性格，且进而说知性之存有论性格。因此，他一定要说：经验知识底可能性之条件，就是经验知识底对象底可能性之条件。对象就是作为现象的对象，就是有那些定相的现象。这个现象意义的对象，它要成为现象，它一定在量相、质相、关系相中成为现象，成为客观的现象。你不能把这些定相拿掉，单想那光秃秃的现象，那只是空观念，什么也不是。

这样，那么所谓"知性为自然立法"，立法是立的那些使对象可能的基本条件，对象是在这些条件中成为对象。我们平常所说的自然法则是对象在特殊情况下所有的各种特殊法则。例如研究化学现象而得化学法则。这些特殊法则是要靠经验来发现的。对象可能，对象所有的那些特殊法则亦可能。因此，使对象可能的条件就是使对象的那些特殊法则可能的条件。知性立法是立的宪法式的最高条件，不是立的那些特殊法则。

这些最高条件，先从感性之形式说起，如通过时间、空间决定现象之时间相、空间相。我们平常并不把时间、空间相认为是自然法则。这算是什么法则呢？这只是使自然之特殊法则成为可能的条件。当然一切东西都在时间、空间中，你不能说我了解了时间相、空间相就了解了自然法则，这个话也不成话了。

再进一步从知性方面讲也如此。量范畴决定对象之量性，量性有一性、多性、综性。这一性、多性、综性是成功任何特殊自然法则的条件，也没有人拿一性、多性、综性等量性当做自然法则。为自然立法是立宪法，是立自然（全部现象）底可能性之条件，也就等于说立自然中各特殊法则底可能性之条件。各特殊法则底发现还要靠经验。这样讲不是主观主义就没有了吗？这就可以解除误会了。

对象之质性也是如此，质性也有实在性、虚无性、限制性等，也没有人拿这些质性作为自然法则，这算个什么法则？我根据这些法则能做什么事情？这一些是成就任何特殊自然法则之基本条件。关系性也是如此，常体、属性、因性、果性以及共在性，这些亦只是成就特殊法则之基本条件。我们平常也不是把这些性相当做自然法则。我们平常说研究自然以得自然之因果法则，这所谓的因果法则就是各特殊的因果法则，例如"某种物理现象在某种条件下发生"这类的法则。但这必靠因性、果性已被建立起才可能。

特殊因果法则所以可能就是靠原因这个概念。原因这个概念乃存有论之概念。原因这个概念不可能，自然之因果法则也不可能。因性、果性，这两个概念是知性之存有论的概念，而且是知性之执着（由统觉之综合作用而成者），由于这一种执着，特殊的因果法则，见之于缘起事中者，才能够成立，那就是说，缘起事之因果关系才可理解。假如像休谟所讲，原因这个概念根本不可能，那么因果法则就没有根据了。休谟说原因结果这个概念不可能，完全是主观的虚构。那么康德怎么说它可能呢？他也不以为这是从经验来。不是从经验来，而看成是先验范畴，那么这岂不是等于说它是执着？说它是执着，这与休谟之说法说穿了也差不多。不过他说综合，知性之先验综合，说得庄严一点，煞有介事。休谟是英国人的态度，英国人有幽默，说得轻松一点，说这是联想与习惯，这便成了心理主义的纯主观主义。说它是先验的综合，所谓的先验，先验于何处？先验于知性。

照佛教讲，知性本身就有一种执，这叫本执。感性知性皆有其本执，感性的本执就是先验形式，知性的本执就是范畴。这样了解一通透的时候，就表示这个东西可以化解，化解了就没有了，没有了就表示它原来是执。若不是执，焉得可化解而归于无？

所以在这个地方康德说得很对。他说这些概念只能应用于现象，不能应用于物自身，所以它们所成功的只是现象底知识。既然如此，这就好办了。现象不是天造地设的，知性之存有论性格源于知性之本执。这样，所谓为自然立法，严格讲，乃是为自然立宪法，立自然法则底可能性之条件，不是立那些特殊的自然法则，这样讲就没有问题了。

第十四讲

现象与物自身之超越的区分：感触直觉与智的直觉之对比以及直觉的知性与辨解的知性之对比：中国哲学肯定人可以有智的直觉

　　康德系统中，"现象与物自身"之分别，是通贯其《纯理批判》之全书以及其他所有的作品的，是他整个系统之基本重要概念。但说到了解他的"现象与物自身"之分别，一般常不能做到恰当的了解。依康德本人之表示，他首先说"现象与物自身"之区别不是有两种不同之对象，乃是同一对象之两种不同的表象。

　　那么这"同一对象"的意思要如何来了解呢？就是从"物"来看，即是这同一物，也就是这同一对象，即对此同一对象有两种不同之表象。一种表象为此物之"在其自己"之表象，另一种表象是此物之作为现象之表象。此即他说"同一对象之两种不同的表象"

之意思。

开始说同一物是笼统说、虚说、虚提。意即先虚提一个物。对这一个同一物有两种不同之表象，这是实说，实说它有两种不同之身份。一个是作现象看的身份，另一个是在其自己之身份。这就是实说，这就是物通过两种不同之表象，而有两种不同之身份，此即对物之实说。开始是虚提，然后是实说。

这一实说，严格讲，能真正成为知识之对象的乃是作为现象身份的物。物成为现象，才能为知识之对象，此对象之意义乃为实说中之实说，实说中之对象，这是真实的对象。

至于他之在其自己之身份，严格讲不能为我们知识之对象，由此意义严格讲，它根本就不能有对象之意义。所以若把同一物说为同一对象，进而说对于同一对象有两种不同的表象，则此同一对象之现象身份的表象才是实说的对象，此对象的意义乃是实说中之实说，至于其在其自己之身份之表象是虚说的对象。此对象之意义乃为实说中之虚说。

第二点康德又说"现象与物自身"之区别为主观之区别，这乃根据前一句而来。不是说客观方面有两种不同的对象，所以这个区别完全是由主观方面讲。这个区别是依待于主体的。假若说客观方面摆有两种不同之东西，那么这两种就成为客观的分别。客观的分别是依待于客体。而客体方面是同一物，这个物有两种不同之表象，一言表象就不能离开主体，不能离开主体方面之活动，所以他第二句话就说这个分别为主观的分别。主观的分别这句话很有意义，这句话是根据前一句话而来的。

主观的分别，依我们的了解，同一物或成为现象，或成为"物之在其自己"，完全是依待于主体来决定。就它成为现象之身份而言，依待于主体有两个层次。第一层是感性，第二层是知性。这个东西若与感性相接触，在感性之形式条件之下被表象，就是说在时间、空间之中被表象，则它就成为现象，即依靠感性主体之接触而成为现象。此物与我们之感性主体相接触而呈现在我的眼前，在感性之形式条件下呈现，也就是在时间、空间之条件下呈现，它就是现象。离开时间、空间就没有现象。故言现象依待于感性之主体，此乃就现象之为一呈现讲。一个对象要呈现到我的眼前，必须通过感性，若无感性则不能呈现到我的眼前。假若通过感性之主体而呈现到我的眼前就成为现象，则它就不是"物之在其自己"。此为依待于感性主体之意义。

第二层再往上高一层依待于知性，依待于知性以为现象，这一层之分际是就现象之决定而说的。依待于感性乃就现象之呈现而说，依待于知性乃就现象之决定而说。这个决定就是康德所说的determination，或单数或多数。这个决定一方面通过知性主体之决定活动（动词意义之决定），一方面亦通现象之样相——由决定活动而成之现象之样相。此样相就是现象之定相。有一个决定就有一个相，就是定相，此定相恰当地合乎康德 determination 之意义。这些定相，就知性层而言，以其能成为客观之知识，乃是现象之客观定相（objective determination）。这些客观定相是哪些定相呢？此不能笼统说，就是十二范畴所决定的那些定相，每一个范畴就是现象之一个定相，有十二范畴就有十二个定相。

十二个定相，其中前九个为实定相，后三个为虚定相。十二个算是纲领，在此纲领之下，可以引出好多。但不管怎么多，都是在此纲领系统之下，不能随便举的，此有原则性而成系统。前九个是实定相，譬如就量相讲也就是量性，性比较根本一点，表现于外面就是量相。此即《法华经》所言之如是性如是相，其实性相两个字是同一个意思。就量性讲乃现象之量之定相，说量性也可，说量性之定相（quantitative forms or modes）也可，量性之定相有三个，有一性，有多性，有综体性。说一相、多相、综体相也可以，此乃性相通而为一说。《法华经》说，如是相，如是性，如是体，如是力，如是作，如是因，如是缘，如是果，如是报，如是本末究竟等。前九如以康德的词语说，就是现象之决定相，所以以名词讲决定为定相。

从这个定相马上就想到：谁来决定现象之定相，来决定现象使之有如此这般的定相呢？由名词之决定马上就想到动词之决定。此动词之决定就是由知性（understanding）来决定的，主体就是知性，知性通过统觉之综合统一，以范畴来决定现象，就成为现象之定相。

如量有三种，质有三种，关系也有三种。质方面的定相有实在性（reality）、虚无性（negation）、限制性（limitation）。此三个也是现象客观方面之定相。关系方面呢？本体属性之常体性决定现象之常住相。尽管现象在时间里不断地在变，刹那刹那地变，但一旦依常体以决定之，则它就有常住相。常住相有常住相之根据，其根据就是常体，那就是关系范畴中本体那个范畴。那个本体范畴并不是理学家所说的本体工夫的那个本体，完全乃就现象之常体性说的。所以 substance 一定要通过 permanence 来了解。permanence 即常住不变，有常住性常住相，还有隶属于常住相之属性（attribute），所以本体属性也是现象之客观定相。还有因相果相（causality），我们也可以决定现象之原因性，这一个现象可以作为某某现象之原因（cause），原因为范畴。原因依休谟之分析，乃由我们的主观加上去的，现象界没有一个东西叫原因，原因指表一种状况，是我们对某一种状况以我们主观的联想、主观的想象加上去的。依康德的说法乃由我们之依综合而加上去的，或通过综合而以原因范畴决定成的，因为现象在物理世界里，如吃砒霜就死，吃砒霜是一个活动、一种情况。你现在把砒霜吞下去，这一个物质进到你的胃肠，它在你的胃肠中就有一种情况出现。这种情况与你的胃肠相合或不相合，这些只是状况。因此，并没有什么东西叫做原因，什么东西叫做结果。故原因结果这个概念是加上去的。它的底子实在是对状况的描写。

这种理论可以帮助我们去了解康德所说的范畴。若凭空说"原因"是一个范畴，是没有人懂的，义理的底子一定要这样了解。没有一个东西叫做原因，只是某种现象配合在某种情况里就产生另一种情况。那么我们就把前面的某种情况综合起来名之为原因。这样原因这个概念是由我们加上去的。依休谟言，此完全是我们的主观联想，主观虚构（fiction）。休谟的说法是心理学的（psychological）讲法。由主观之联想虚构一转而为康德由知性之思想上讲，我们就可把此词语不说是主观的虚构，而说是一种先验的综合（apriori synthesis）。在此，由中国人看来，康德费那么大的力气来批驳休谟，其实结果似乎差不多。

一个是纯主观的说法，由主观的联想凭借感觉经验而成的虚构，毫无实在性。此当然主观的意味太强，心理学的意味太强，是经验主义的说法。康德把原因这个意思由知性上讲，知性之作用是思想（thought），思想一定要使用概念才是客观的思想，这样一来客观意义就呈现出来，这样就不大好意思说它是虚构，一转词语就是 apriori synthesis，说穿了不是差不多一样吗？也许中国人之差不多，依西方人看或许差得远。我们顺着他们的习惯，康德说这是先验的综合，有客观性、普遍性，因而也有必然性，这不是经验主义的说法。

原因就是代表一种综合，综合是就感性所呈现的现象系列而说的，它表示不是由此系列中的某一分子概念本身可以分析出来的，而是在此分子概念以外加上去的，但不是经验的联想加上去的，而是由知性概念先验地加上去的。是故原因结果这个关系之综合为先验的综合（apriori synthesis）。我们的知性就通过 causality 这个范畴，把现象综合起来。在此我们把吃砒霜称为原因，把死称为结果，把吃砒霜与死这两种不同之情况结合起来，说是天下之事情一定有原因与结果这种因果关系，这不是由感觉经验从外面得来的。在感觉经验上只有吃砒霜与胃肠合在一起，而有一种状况出现。并没有一个东西叫做"原因"，"结果"也是如此。这样一来，这样的综合一定是先验的综合，一定是由知性发的，不是从外边来的。这样，原因一定客观地在结果之先，一定客观地有力量产生结果，而不是心理学意义的主观虚构。这样的因果综合是一切经验知识之立法性的形式条件。

这层意思我们还可以从另一种说法表示之。吃砒霜与死这两种状况，这可以说是对现象状况的一种描写。用这种词语也有一套理论，大家要注意当你了解这一套理论时，你便可了解康德为什么要把因果性等看做是先验的概念。不但因果性，本体、属性这些等等，质与量等等都是。其实这客观的底子用罗素的方法，可使你心中明白，可以心中通得过。否则只服人之口不能服人之心。说那些概念是范畴，是先验概念，其实也没有人能懂。我们想把这一点克服。

我们可以这样想，即：原因与结果，还有佛教所说的生、灭、常、断等这些观念都可用罗素的摹状说（theory of description）来说明。摹状说是罗素《数学原理》（*Principia Mathematica*）中很重要的理论。他说属于摹状的东西是描写一种情况、境况。这情况、境况不是一个个体物。个体物可用符号如 a、b、c 等来表示，此名曰完整符（complete symbol），如粉笔。但摹状中的符号如这一个作《春秋》的圣人，又如某某是原因，是可以解消的，这称为不完整符号（incomplete symbol）。这个名词也很有启发性。罗素这一套理论很可以帮助我们，尽管罗素不用康德之词语说是范畴决定的，是先验的综合。但可以把这一套理论用来使我们了解康德为什么名因果等曰范畴，范畴由知性发，为什么由范畴说先验综合（apriori synthesis）。

假定是完整符，是客观的，假定客观世界有一个东西叫做原因、结果、生、死，这些都是完整符，那么它们都是由经验来。康德说这些东西是由乎范畴，是先验综合，因为这是对现象说。假如把现象看做是物自身，一切东西都是从经验来，如何能有先验综合呢？
（就物自身说经验，这经验也不是普通意义的经验。）

范畴是就现象讲，知性所对的是现象。范畴之为范畴只能应用
于现象。先验综合的综合，综合的是现象。所以当康德说现象时，
有他特别的想法，不是我们一般心目中所想的现象。我们通常所想
的现象都把它当做是天造地设，这样你所说的现象，严格讲就是物
自身。这并不是康德的意思，所以康德讲假如把现象都看成物自身，
那么一切东西都从外来，只有由经验而来，如何能有先验综合判断
呢？先验综合判断的思想根本不可能。作为一个思想家康德是很一
贯的。但他坚持一定有先验综合判断。那么先验综合判断所判断的
东西一定是现象而非物自身。

我们以为是由经验来，这是由于我们把现象视为物自身，这是
我们自己的错误。假定是就现象讲，在现象的层次上不把现象看成
物自身，则利用罗素那套摹状论，先在心中了解那些生、灭、常、
断、一、异、来、去，乃至量性、质性、关系性等都是摹状论下的
不完整符。这些都是可解消的，因为不是有一个一定的东西叫做生、
死，就如 a、b、c 所指表的个体东西那样的完整符。因为若是如此，
则那是客观的，由外面来的，不是属于先验综合的。这样可以帮助
你了解康德的意思。

通过罗素的摹状说中的不完整符，你才可以了解佛教《中观论》
的那种八不缘起，那种就缘生法而说的不生不灭、不常不断、不一
不异、不来不去。本来言缘生而又言不生不灭、不一不异、不常不
断、不来不去，这岂不是自相矛盾的吗？那么第一步我们先叫它不

生矛盾。顺缘生法而言有生有灭、有常有断，这在佛教也是可以说的，并不必是矛盾的。顺俗而言生、灭、常、断，这乃是佛教所说之识之执相。顺缘生法而言生、灭、常、断、一、异、来、去，此严格讲，是属于识的执着；执着的相就是定相。但是康德在这里说决定（determination），不说执着。康德说知性的决定，但佛教说你所说的决定就是知性的执着。综合就是执着，康德说的三层综合，由感性、想象、知性说的综合就是代表执着。

但西方哲学家不说执着，而说综合、定相、决定。虽不说执着，其意思一样。所以不说执着乃是因西方讲客观的知识，故不喜用有颜色的词语，执着是有颜色的。讲知识若如理而客观地讲之，是没有颜色的，是理上就应如此的。

广义地说，不管是感性也好，知性也好，理性也好，在佛教言都是属于识。但在西方哲学的传统讲纯粹的客观知识，也没有这个颜色，也不说其是识。依西方人言，人类本来就有这些认知机能。一说"识"，大都是对"智"而言，识与智相对翻。但对西方人言，我们就只有这样的感性、知性与理性，没有其他东西与之相对翻，故也没有"执着"这种有颜色的词语。

但佛教言识就有智与之相对，因此就可以加上颜色。为什么呢？智的方面没有执着也没有定相，也没有所谓的综合。但康德也有与人类的感性、知性、理性相对翻者，此即神的直觉、神的知性、神的理性，只在人类本身无识智之对翻。假如像佛教所说"转识成智"，成一切智、道种智、一切种智，在此智的立场上所讲的，康德一看就知道，在这里不能有综合可言，也没有概念可言。因为综合就要靠概念，没有概念就没有综合，而综合只能应用于现象，不能应用于物自身，只能应用于感触直觉，不能应用于智的直觉。佛教说识智之对翻，说智之妙用，这是很玄的。西方人无"转识成智"之义。康德虽知道综合不能应用于物自身，不能应用于智的直觉，但因为他坚持人无智的直觉，所以他虽大体可以知道，但他不能了如指掌。所以我讲这些东西，是要帮助你们了解中国哲学，而且你若真正了解中国哲学，对康德那一套一下都能了解，而且了解的分寸很恰当。尽管佛教说执，说定相、执相，康德不说这些，你也能了解康德所说的一切。你若了解了康德，你也自能了解中国哲学。

你只有在存在方面、客观方面，把因果常体等先看成不完整符，你始能把它们瓦解掉。若把它们看成是完整符，就不能把它们瓦解掉。看成完整符，天造地设，怎么能随便解消呢？这样一来只有诉诸经验。我了解它们要靠经验，这样先验综合就根本不能有。但事实上我们是有先验的综合，先验综合的命题到处都有，康德一定要坚持这些东西。数学中要靠先验的综合，形而上学中有先验综合，科学知识中有先验综合，道德中也有先验综合。这是不能抹杀的，不能曲解的。你若一定要否认先验综合，只承认纯概念的分析命题才有必然性，如是，则你当知分析不能给我们什么东西，分析命题没有用的。你若看综合都是经验的综合，则经验综合没有必然性。如是，则流入怀疑论，科学知识没有其可能性底先验根据。是故康德一定说先验综合。

这些词语并不容易懂。现在的人大体不能承认康德所说的先验综合判断。英美人始终不能了解。他们一言综合就是经验综合，哪里有先验综合呢？光康德的说明是不够的。人们不能懂，尤其中国人看见这些名词更面生（不熟悉），所以需要说明。

摹状论是一种说明的方便，这样可以使你真正了解何以说先验综合之故。这样你当初顽固的抗议性、心中的不安性不是解消了吗？这可帮助你了解。说它是不完整符号可以瓦解，这是逻辑分析中的说法。

这在佛教是怎么说呢？说它是什么呢？用什么词语来说呢？佛教本来就缘生法而说因缘生起，而又说不生不灭，这不是自相矛盾吗？结果为什么说"不生不灭、不常不断、不一不异、不来不去"，"诸法不自生，亦不自他生，不共不无因，是故知无生"？在佛教为什么讲"无生法忍"？为什么要把"生"这个观念拉掉？"生"这个观念怎么能拉掉呢？在佛教怎么说法呢？怎么能看成不完整符呢？不完整符就可以瓦解掉，在佛教没有这个名词。"诸法不自生，亦不自他生，不共不无因，是故知无生。"虽无生，而又说生相宛然。如幻如化的生，佛教是不反对的。生相宛然，宛然就是 as if，宛然的生就是 as if 的生，宛然的生就是如幻如化如梦如影如泡等等，如《金刚经》所说的，结果这一句话是什么意思呢？"生无自性。"所以依他起性是说一切法依他而起，为什么依他而起呢？就表示"生无自性"，即唯识宗所讲的三性、三无性。依他起性是生无自性性。假如生有自性呢？它就是完整符（complete symbol），这是不能去掉的。生无自性就表示生是不完整符，它指表一种状况之描写，它根本没有自性。没有一个东西叫做生，叫做原因，叫做结果。在这里佛教也可帮助我们。

生无自性，所以说依他起，所以才说一切是依他而起。既然依他起就没有一个东西有自性，此即生无自性性。在识的执着的范围内，就有生有灭、有常有断、有一有异、有来有去。既然是执着，执着就可以化掉。把执着化掉，在般若智的层次讲就是"不生不灭、不常不断、不一不异、不来不去"，所以"不生不灭、不常不断、不一不异、不来不去"是在般若智之智照下说的话。

佛教说实相般若、不生不灭等，我们不可把这些词语看成是逻辑命题（logical proposition）。"不生"不是一个否定命题，否定了现象的存在。"不灭"也不是一个否定命题，否定了消逝之可能。因为若这样它就是一个知识命题，成了一个陈述——否定的陈述。可是不生它也不灭，说不灭它也不生。你说不生应该灭，但它也不灭；不灭应该生，但它也不生。所以这些每一句话都不是逻辑命题，不是逻辑的陈述（logical statement），所以它才能代表实相般若。所以你看不生，以为不生就是一切东西都没有起现，没有存在；看不灭就是一切东西都停在那个地方而不消逝，这样你便错了。你看不生就是灭，看不灭就是生，你又错了。又，你若看不生不灭是意指一个永恒常在的东西如上帝或常理等，那你更是误解。

这种头脑就不能了解佛教。本来我们的传统不重视逻辑性的思考，不喜欢运用肯定否定的逻辑词语，训练训练西方的逻辑也很好，但训练不好而死在这里，以为到处都可以用这个办法来处理，这又坏了。扶得东来西又倒，这很麻烦。譬如《般若经》说"般若非般若，是之谓般若"，这是诡辞（paradox）。但是若真存在地体现般若或实相般若，就必须用这类诡辞以暗示之。这在佛教名曰"遮诠语"。遮诠语不是对一肯定而作否定，因而成一否定的陈述。这里没有肯定否定的矛盾，亦没有客观地指说什么或抹去什么。它毕竟没有说任何客观的事。它只主观地消融了一切黏滞，而结果是主观地一无所有，是生命的绝对洒脱或解脱。这就是真般若。这里没有矛盾或不矛盾，这即是超越了逻辑层。当然我的辩说过程仍须是逻辑的，我的逻辑的辩说中辩说到某分际而须出现这吊诡语，这吊诡语我们须名之曰"辩证的诡辞"，而不名之曰"逻辑的陈述"，这也是逻辑陈述层次以外的。

般若不是一个东西而可以对之作肯定或否定的陈述。假若你说：般若是什么什么，这是肯定命题；可是般若非般若，这又是否定命题。前一句是在什么情形下的肯定命题，后一句是在另一种情况下之否定命题，这两句是在不同情况下之两句话，所以不矛盾，不矛盾就是合逻辑。你若是这样解说，那就完全不相应。你是在词语之意义中打转，永远贴合不上般若。

"般若非般若"这一整跌宕是不准分开为两种不同的客观陈述。它是一种吊诡，借这种吊诡（表面词语上有矛盾相的吊诡）来主观地消解一切黏滞。这就是"玄"。这些也需要语意分析以明其意。假如你真正做语意分析，这些都需要分析。但一般学习语意分析的都没有这个能力，连举一个例都不会，英国人举的例他们照样拿来用，自己也不能找到例，没有分析的头脑。

分析也不是容易的。分析本是一种方法，但现在一般讲分析的却成了一种主张，而且只限于经验知识，只在此层次上进行分析。我们的语言可以到处应用，因此，当有不同层次不同范围的分析，但是现在讲分析的却只定在知识范围内，离开那个范围他们就不会了。所以他们一看黑格尔的话，分析的结果都是无意义的，因为他们把分析只限于一定范围之内，只限于经验知识（empirical knowledge）范围内。而在经验知识范围以外的，如"道可道，非常道"，就分析不了，没有办法分析了。譬如说"般若非般若，是之谓般若"，分析的结果是两个不同意义的逻辑命题，不矛盾，还是在逻辑控制之下的。这便没有把这句话分析明白，这不是分析，而是取消，把这句话分析得没了。所以你要讲分析，也需要训练，先训练知道有各层次各范围的分析。若训练的结果，把"般若非般若是名般若"看不出是 paradox，而以为是两个不同意义的逻辑命题，而不矛盾，这样拆开便是分析得不对。

佛教说无自性，生无自性。生无自性，灭无自性，常也无自性，那八个均是无自性的。若总起来单就一切法之依他起性说，便是"生无自性性"。但是一般在缘起法上有种种的执着，既执着有生，复亦执着有灭、有常、有断、有一异、有来去，乃至种种其他执着。这便成了"遍计执"。遍计执讲的是"相无自性性"。生也是相之一，故此八个相也都有"无自性性"。每一个相是由计执而成的，故计执就是相的特性。既是由计执而成，故知相之计执性就是以无自性为性，就表示其本身是站不住的，可以瓦解的。为什么可以瓦解呢？因为是我们的执着，既然是执着就可以化掉，这就是所谓的"相无自性性"。

所以康德所言之定相，依佛教看，就是属于遍计执，因而就是相无自性性，故罗素可以把它看为摹状论下的不完整符，康德则看为先验的综合。假定有自性，你怎么能说先验的综合呢？康德也知道我们若把现象看成物自身，物自身就是天造地设地摆在那里，那就是佛教说的有自性。假若看成物自身时，如何能有先验综合呢？一切都只有诉诸经验，这不是很一贯吗？一般人不了解康德这种辩论。所以不了解是因为不了解他的现象与物自身之分别之特殊。康德实在很了不起，他是真有识见的。

所以在这里康德言先验综合与罗素在摹状论中说不完整符，是相通而不相敌对的，可以相消相融。这要靠自己的思考，高度的思考。但没有人能看出来由摹状论中的不完整符可以想到先验综合，没有人能往这方面想。两个完全不同的世界怎么能拉在一起呢？但你看久了就是这样。

所以从"决定"当动词看，是谁来决定呢？是知性来决定。知性如何能决定而使现象有如此这般的定相呢？答复是：通过统觉的综合统一，拿着范畴去决定。拿一个范畴去决定便决定成一个相，拿十二个范畴去决定便决定成十二个相。在佛教的《中观论》就是八相，其实不只八相，多得很呢！《法华经》的前九如都是这些定相。如是相，如是性，如是体，如是力，如是作，如是因，如是缘，如是果，如是报，这前九如都是属于定相，都是属于"相无自性性"的。

所以现象成其为现象，现象与物自身的分别，康德说是主观的。主观的意思就是依待于主体，就现象讲，依待于主体有两层。在感性主体前，现象在时间、空间中呈现到我的眼前来。知性主体把感性所呈现的现象通过范畴来决定它，使它有定相，所以依待于知性主体是现象之决定。通过范畴以及通过知性统觉之综合统一的时候，现象就成为决定了的对象（determined object）。当感性呈现之的时候还不是决定的，康德名之曰"未被决定的对象"（undetermined object）。

以上由现象与物自身之分别、现象之呈现、现象之决定，说到佛教的八不缘起、相无自性性（遍计执），并方便地以罗素之摹状说中的"不完整符"疏通之。这三者的说统各有原委。佛教说八不缘起，说三性、三无性，为的说空，说般若，说实相，说执，说烦恼，说解脱。罗素的摹状说是逻辑分析中的理论。康德的超越的分解为的说经验知识底可能性之根据，并明知识之所及与所不及，明知解知性之限度，并为实践理性留余地；规模宏大，识见超卓而中正。三者原委不同，故词语有异，亦有周备不周备。然有一点须注意，即：不管是从哪个角度，总要一致，贯彻到底，说话说到什么程度是有分寸的，都有一定的。在现象之决定这一面，话就要这样说，所谓"异地则皆然"，这是中国人的头脑。

现象之所以为现象是依待于主体，那么物自身呢？这个分别是主观的分别。根据前面，这个分别是"同一物之两种表象"，不是有两种对象。假如有两种对象，那么这个分别是客观的分别，不是主观的，但这个分别是主观的分别。

那么"物自身"或"物之在其自己"这个身份，它依待于什么主体呢？依待于什么主体来表象它呢？现象与物自身之区别是主观的。康德说了这么一句漂亮的话，很有意义的话。但"物之在其自己"之身份之表象却落空，没有表象，不能有表象。而且假如在这里有表象可以推想，譬如说"物之在其自己"不是知识底对象，我们的知识达不到，不只是感性达不到，知性也达不到，因此时间、空间不能向它应用，范畴也不能向它应用，这些表象都是消极的（negative）。那么"物之在其自己"究竟是什么？这"是什么"的正面表象却一个也没有，这不是落空了吗？

对现象那方面有表象，这个表象是正面的、积极的。现象在时间、空间中呈现，在十二范畴之应用下被决定，说得头头是道，都摆在你的眼前。但"物之在其自己"则没有表象，我们只能说它不是什么，不是什么。光说不是什么，不是什么，究竟不能告诉我们是什么，这样就没有正面的表象。假如康德说有进一步的表象，这表象依待于主体。所依待的主体是什么？康德说依待于"非感性的直觉"，这也是主体啊！假如要依待于主体而有正面的表象，而不只是不是什么，不是什么，则就要依待于一独特的主体。那么这独特的主体是什么？他说那是"非感性的直觉"（non-sensible intuition），正面地说就是"智的直觉"（intellectual intuition）。

但是这种直觉我们人这里没有，我们所有的直觉只是感性的直觉。我们人除感性直觉以外没有其他的直觉，没有这种智的直觉。没有这种直觉而又说这个分别是主观的，那么这个主体只一端有效，另一端没有效，一端落空了，成了一个跷跷板，这一边跷起来，那一边就落下去了，永远不会亭亭当当地两端都挺立起来。

所以康德说现象与物自身的分别是主观的，这句话虽甚好，但康德并没有充分证成之。在这个地方东方人的思想可以充分证成之。两端都可以给你亭当地挺立起来，这样你说这分别是主观的才可以真做到，否则只做到于现象这一面，表象的很明白，真可以说对之有表象，而那另一面却落空，对之实无所表象。为什么落空？因为人没有智的直觉这个主体。那么这个主体放在哪里？放在上帝那里。

"现象与物自身"之分别依待于主体，在中国这两端所依待的主体都在我这里。依靠这一主体就是现象，依靠那一主体就是物自身，清清楚楚两端都有表象，同时都从正面讲，都是充分地被证成了的。康德则不然，这一端所依待的主体在人，另一端所依待的主体在上帝，此等于把主体错开。所以他虽说这句话，但他并不能充分地证成之。

康德说"现象与物自身"之分别是主观的，是同一对象之两种不同表象，并不是有两种对象摆在那里。这种说法很有意义，中国人很能承认这个说法。譬如王阳明与佛教大德听到这种话，他们必会认为这句话说得很有道理。但若听到康德的那一套说明，他们必会觉得这句话虽然说得不错，但他却没有充分地证成之。为什么缘故呢？正是由于他把主体错开。

中国人一看就知道了，了不起。你不能瞧不起中国哲学，中国哲学比他们高明多了。你放在上帝那里，上帝是上帝，人是人，上帝的事我怎能知道呢？只是推测而已。所以结果"物自身"这个概念是个消极的概念，是一个有限制作用的概念（只用来限制我们的知性概念之随便泛滥——只可应用于现象）。而其本身我们不能说什么，一无所知。既然如此，物自身这个概念在康德的系统里成了一个累赘，一般人都想把它去掉，以为"物自身"没有什么道理。但这在康德实在是不能去掉的。西方人很不能了解康德这一套。但中国人很能首肯，一下子就能承认，而且能充分地证成之。所以我说他这个分别有特殊的意义。我们很可以充分地说明之。

现象依待于感性主体而成，即当一个东西和感性相接触，就成为现象，现象是感性所挑起或所皱起的。皱是"吹皱一池春水"之皱。我认为这很能表示康德的意思，而且能表示得很美，而且很容易使人了解。本来就只是春水，春水本身并无所谓波浪，波浪是靠风吹起来的，风一停就是一面平静的镜子，并没有波浪，波浪就是现象，此不是很容易懂吗？此就是同一物之两种不同表象。

现象是为感性所皱起所挑起，一皱起便有纹路。知性就是通过思想之功能，追随着感性所皱起的纹路，而以概念去决定之。通过以知性概念决定之，那些纹路就成了定相。所以一物为感性所皱起，为知性所决定的就是现象。假定一物不对人之感性之皱起而呈现，也不为知性所决定，而退回到其自己，这就是"物之在其自己"。

这个时候，"物之在其自己"一无所有，这样就没有纹路可言。现象是在纹路里成其为现象。在量、质、关系中成其为现象。但量的纹路、质的纹路、关系的纹路，都是靠感性在挑起时就隐伏在那里，不挑起就没有这些纹路。没有这些纹路，一物就回归于其自己。这时它什么也不是，这就是康德所说它不是知识之对象，不在时间、空间中，不在范畴之下；它是什么东西我们不知道，它是没有"是什么"。

就是说到上帝的智的直觉时，也不能说出有什么纹路，正面不能说什么。但就智的直觉讲的时候，智的直觉为创造性的直觉，与感性的直觉不同。感性直觉只把东西呈现给我们，智的直觉是创造这个东西。上帝直觉一个东西就创造一个东西，所以智的直觉都是创造性的直觉。尽管用的同是直觉这个字，感性之直觉是呈现之原则（principle of presentation），而智的直觉是实现化之原则（principle of actualization）。它本身代表创造性，故亦是创造性之原则。此两种直觉之义用完全不同。一个是认识论的（epistemological），一个是本体宇宙论的（onto-cosmological）。

康德也知道他是创造性的，但是他常常用我们说明感性直觉之方式来说智的直觉，其实是不能用的，所以有些词语是不妥当的。这不去管他，你只要把大体脉络弄清楚，与中国人的思想一比较，就很容易了解。所以假定说一物回归于其自己，不在时间、空间中，不在十二范畴下，则它什么也不是。

就直觉而言，我们只能说智的直觉是创造的，其所创造的东西是物自身，对之不能说为有质、有量、有关系，盖因这样一说又把它现象化。这是你这样说的，上帝没有说这些话。所以上帝智的直觉所创造的每个东西都是纯一。上帝所造的是个体，而且是在其自己的个体。创造之后有些什么量性、质性、关系性，这是人的事情，在上帝是没有的；在上帝面前粉笔只是纯一的粉笔，说话只能说到这里，这就是最真实的了。假若以为在这里说成纯一还不过瘾，一定要了解它的量性、质性、关系性才过瘾，这一动手术就坏了，一动手术最真实的粉笔跑走了，没有了。这一点康德已见到，所以他说上帝只创造物自身，不创造现象。

现象是一物对人而现者，在上帝面前一物是纯一，是最真实的纯一，它没有杂多，亦没任何的虚幻，因为一加上时间、空间就有杂多，一加上概念，概念底综合就是综合杂多。因此，当然你知道了很多。但你需要知道，通过综合、分析、抽象这些手术，就有虚幻，就不真实了。这当然不是说它是完全虚妄，但我客气一点可说它是现象。这样了解很好，所以纹路就在春风一吹皱起的，风一吹有纹路才有这个可说，那个可说，光是纯净平铺的一面镜子什么也不能说。你只能说些笼统的话，如"清如水，明似镜"。"清如水，明似镜"，你对它的量性、质性、关系性一点也没有说，而且它也根本不能有这些。

康德有时候，说话也不小心，他说我们所了解现象的关系是怎样怎样，是在时间、空间的关系中，是在十二范畴的决定之下，至于这"物自身"本身的关系是不是如此，我们完全不能知道。这句话本身就有问题。物自身本身是没有一套关系的。不是说：我们所了解的一套关系是怎么样，怎么样，至于物自身的那一套关系是不是如此我们不知道。这说法是不对的。实则不但我们不知道，乃是它根本没有。所以当他说"物自身的关系是不是如其呈现于我眼前者那样，我们不知道"，他说这些话时，他心中就不明透。他所以不明透的缘故并不是他不行，而是由于他没有像中国学问传统那样的传统，所以他常常出毛病。

假如叫中国人一看，叫王阳明一看，他就知道你这个话有问题。又假如叫龙树菩萨一看，他定会说你这话是不对的。为什么不对呢？依龙树菩萨，当该怎么说呢？当该说物自身没有纹路，也没有自己一套关系摆在那里。在《般若经》中怎么说呢？用什么来表示这个意思，表示什么都没有呢？答曰：用实相般若来表示。什么是实相呢？"实相一相所谓无相，即是如相。"如相哪里有纹路呢？所以龙树菩萨一看你这句话就知道你不明澈。这些纹路是皱起来的。实相就是物之在其自己。照佛教讲，实相就是般若智所照之"诸法实相"之实相。《般若经》所说之"实相一相所谓无相即是如相"，这是《般若经》中最漂亮的话。《般若经》说了那么一大堆，说来说去只是这一句话。什么叫做实相？实相就是一相。这个一相不是一、多、综那个量相中之一相。这个"实相一相"的一相就是"无"这个相，也就是没有相之一无所有，这个一是这个意思的一，不是量方面的一。假如你认为是量相中的一、多、综中的一，那你又了解错了。实相一相所谓无相即是如相，那么纹路自然就没有了。这个很漂亮，这个就是《法华经》里所说的实相。"如是本末究竟等"，十如中最后这一个如就是实相。前九如是定相，是现象中的定相。十如前九如与最后一个如层次不同，此即康德所说的现象与物自身之分别之本意。此与我们平常所了解的完全不一样。

我们平常所了解的，大体都是洛克的那种说法。物性之区分，依洛克有第一性、第二性。第一性是属于物，客观的，第二性是主观的。但康德说你这个分别是经验的（empirical），你这个客观也不是物自身，仍是现象。你的第一性第二性之分都只是经验上的。

要不然就是莱布尼茨的那种区别，这种区别是感性无独立的意义。莱布尼茨是理性主义者，完全以逻辑思考中的态度来看这个物，一说物就是对知性而为对象。严格讲，对象是具体的对象，感性才能使其具体，但莱布尼茨认为对象是对纯知性而为对象，感性无独立的作用，那么这个对象就在抽象状态中，是思想中的对象，理智化了的对象，由我们逻辑分析地把它分析，分析得非常清楚明确，以至于完全可以符号把它表达出来，这时我们的知识就叫做清明的知觉（clear perception）。所谓清明的知觉意即你能把对象分析穷尽，而且能完全符号化，都变成数学。但若有感性成分参加在里面，这个感性的成分，把人的逻辑分析常弄成混暗，使人模糊而分析不清楚，而不能完全以符号表达，那么这时，就是混暗了的知觉（confused perception）。科学的知识就是混暗了的知觉。莱布尼茨能说这种话也不得了啊！现在的人崇拜科学，怎么科学是混暗的呢？可是莱布尼茨说它就是混暗的知觉。为什么呢？因为我们的自然科学有感性参加在内，不能离开感性，但感性又对我们的逻辑分析构成一种障碍、一种骚扰，使你头脑不清楚。因感性内有物质性，这个物质性是麻烦的，它使经验知识不能像数学中纯形式那么清明。物质性有昏暗暗浊性，物质性参加在内的地方都会暗浊，暗浊就不能以逻辑分析把它穷尽地分析明白，不能穷尽地分析明白就不能完全符号化。

所以莱布尼茨有这样的两种知识，严格讲，其实只有一种，感性参加的没有独立的意义。因为他一开始说对象就对知性而为对象，所以康德说你这种对知识的分别，分成 clear perception 与 confused perception 是逻辑的分别（logical distinction），把一切东西理智化。洛克的那种分别都是起自感性，一层一层经过反省（reflection）而至抽象的概念，其实都是受制于经验。而莱布尼茨的说法，感性无独立的意义。此两种说法完全是相反的。没有人了解莱布尼茨能达到康德这样的程度。

我们平常所了解的关于对象的分别，大体不是取洛克的分别，就是取莱布尼茨的分别，没有康德意义的分别。洛克的分别是经验的（empirical），莱布尼茨的分别是逻辑的（logical）。康德这种"现象与物自身"的分别是超越的（transcendental），称为超越的分别。超越的分别为超越哲学中的分别。超越哲学中的分别就是物自身根本不能被认知，不是说感性参加进来把我们骚扰，把头脑弄糊涂了，而了解得不明白，有明有暗。而是你根本不能知道，你就是最清明得了不起，完全数学化，你所知的还是现象而不是物自身。所以物自身是超越的（transcendental），因此，这个分别就叫做超越的分别。

超越的分别是不容易了解的。我以上根据康德所说的两句话，第一句"不是有两种不同的对象，而是同一对象的两种不同表象"，第二句"这个分别是主观的（subjective）"，详细地加以说明。这里头含有好多意义，你把这些观念都得记得。在康德看起来，现象不是天造地设的，是一物之对人的主体而现，是人之感性主体所敏起来的。一物若不对人的感性主体而现，而回归到其自己就成了物自身，物之在其自己。这岂不是同一物而有两种不同的表象吗？康德又说上帝只创造物自身，不创造现象，在上帝面前无现象。这话也很有启发性，其中意蕴无边。这些思想，依据中国的智慧传统，都是很容易了解的。

我们今天讲到这个地方暂时做一个结束。假如诸位想往里进一步了解，要好好了解中国哲学。中国哲学那么一大堆，一时念也念不懂。给你一个方便，可以看看我那部《现象与物自身》，那比较整理得有眉目，可以稍作帮助。中西双方面都要紧，对中国方面，对西方哲学方面，都要下功夫，仔细用功的。所牵涉的每一概念都要了解，一步一步弄清楚。

所以西方哲学与东方哲学之相会通，只有通过康德的这一个间架才可能，其他都是不相干的。康德这个间架合乎《大乘起信论》所说的"一心开二门"。古今中外的哲学都是"一心开二门"。这一句话所表示的哲学间架（philosophical frame）有共同性。不过在人的思考过程中，有开得好与不好，有开出来有未开出来，有开得充分有开得不充分。其中或轻或重都系于个人的哲学识见（philosophical insight），亦系于民族的文化传统。我们的这个课就讲到这里为止。